변방

변방

2009년 12월 4일 초판1쇄 발행
2010년 8월 6일 초판3쇄 발행

지은이 | 홍준표
펴낸이 | 장진혁
표지·본문 일러스트 | (주)EMJ

펴낸곳 | 형설라이프
주소 | 경기도 파주시 교하읍 문발리 526-4
전화 | (031)955-2336~9 (031)955-2361
팩스 | (031)955-2341
등록 | 제300-2007,98호, 2007.6.4
홈페이지 | www.hslife.co.kr

ⓒ 홍준표, 2009
ISBN 978-89-92984-59-1 (03800)

* 이 책에 실린 모든 자료는 형설라이프의 허락 없이 사용할 수 없습니다.
* 잘못된 책은 교환해 드립니다.
 값 10,000원

변방

글 홍준표

형설Life

프롤로그

숨 가쁘게 살아오다 돌아보니 어느덧 나도 오십대 중반의 나이가 되어 있었다. 살아갈 세월이 살아온 세월보다 이젠 더 짧은 것이다.

정치를 하다 보면 제일 한가한 시간이 8월과 1월이다.

이 하한기에 내가 살아온 세월을 돌아보고 앞으로 살아갈 나머지 세월을 어떻게 보낼 것인지 한번 정리해 보기로 하였다.

유년 시절, 청장년 시절의 변방 인생이 아직도 내 삶의 존재 방식에 영향을 끼치고 있어, 이제 그 고통스러운 변방을 탈피하여 나머지 내 인생을 중심세계로 옮겨 새로운 방식으로 더욱더 열심히 살아보고자 이 책을 구상하였다. 혼란했던 내 정신사를 정리해 보고 싶었던 것이다.

오십대 중반까지 앞만 보고 달려온 내가 어려울 때마다 곁에서 지탱해 주던 고마운 분들이 있다.

그 첫 번째 분이 내 아버님이시다.

판소리는 박동진 선생을 능가하는 명창이고 꽹과리는 전국대회 수상을 할 정도로 명인이었지만, 타고난 한량 기질 때문에 가산을 탕진하고 내 나이 일곱 살 때부터 가족들을 타향으로 떠돌게 하면서 고생만 시킨 무능한 가장이었다.

　그러나 언제나 가족들로부터 존경을 받고 돌아가실 때까지 카리스마를 유지한 것은 그분의 올곧은 정신과, 한량이었으면서도 깨끗한 사생활 덕분이었다. 우리가 고향을 떠나 일 년에 한 번씩 살길을 찾아 헤매면서 정착한 동네의 유지들로부터 따돌림을 받을 때도 아버님은 항상 불의와 타협하지 않았다.

　두 번째는 내 어머님이시다.
　무능한 가장이 가산을 탕진할 때도 팔자려니 하고 평생 아버님 뜻을 거스르지 않고 묵묵히 따라준 내 어머님은 언제나 가정의 평화를 지키기 위해서 인내하는 노력을 보이며 아버님의 결정을 단 한 번도 거스르는 일이 없었다.
　한국적 순종의 미덕만을 보여 주시고 생전에 고생을 한 어머님 덕분에, 그분이 돌아가시고 난 뒤에도 자식들은 그분의 은덕으로 잘 살고 있다고 믿는다.

세 번째는 내 아내이다.

부모님의 반대에도 불구하고 나를 선택하고 단칸 셋방에서 무모하게 인생을 출발했어도 언제나 밝은 얼굴로 대해준 아내는, 내가 어려울 때마다 나를 격려하고 지탱해 준 지주목이다.

네 번째는 내 두 아들이다.

나의 엄격한 교육에도 묵묵히 따라주고 이 세상에서 제일 존경하는 인물을 세종대왕이나 김구 선생, 안창호 선생도 아닌 '우리 아버지'라고 자랑스럽게 말하는 두 아들 때문에 나는 부끄러운 행동이나 내 아들을 실망시키는 행동을 할 수가 없다.

마지막으로 나를 지탱해 주는 것은 내 자신이다.

세상을 당당하게 살아가고 떠날 때 아름다운 뒷모습을 보여 주어야 한다는 생각으로 살고 있지만 그렇게 산다는 것이 참으로 어렵다.

지난 한 해는 단 하루의 휴식도 없었을 정도로 바빴다. 그러나 이젠 원내대표라는 중책도 벗었고 현안도 어느 정도 정리되었으니 이제부터는 재충전을 하면서 새로운 세계를 구상해야 한다.

내 나라가 오천 년 변방국가에서 중심국가로 도약하기 위해 내가 할 일이 무엇인지 생각해야 한다.

내가 변방에서 중심으로 가기 위해 노력했듯이 이젠 내 나라가 변방에서 중심으로 가기 위해 내가 해야 할 일이 무엇인지 찾아야 할 때다. 세계는 무섭게 변하고 있다. 미국의 변방이었던 오바마가 미국의 중심이 되고, 전후 60년 동안 일본의 중심이었던 자민당이 변방이 되었다.

세계는 지금 변화와 미래의 시대를 향해 돌진하고 있다.

우리만 우물 안의 개구리처럼 현실에 안주해서는 중심국가로 갈 수가 없다. 이제는 내 자식들에게도 굴종을 강요하는 변방국가 시대를 남겨서는 아니 된다.

가진 자가 좀 더 양보하는 세상!
가지지 못한 자에게 좀 더 많은 기회를 주는 세상!
그리하여 정의가 강물처럼 흐르는 바른 세상, 세계 중심국가를 한번 만들어 보고 싶다.

2009년 8월
국회의원회관 707호실에서
홍 준 표 拜上

차례

• 프롤로그

① 고통과 혼돈의 시절

변방 01	15
변방 02	21
변방 03	25
변방 04	29
변방 05	33
변방 06	37
변방 07	41
변방 08	45
변방 09	49
변방 10	53
변방 11	57

변방 12	61
변방 13	65
변방 14	69
변방 15	73
변방 16	77
변방 17	81
변방 18	85

2 정의를 위한 열정으로

변방 19	91
변방 20	95
변방 21	99
변방 22	103
변방 23	107
변방 24	111
변방 25	115
변방 26	119

③ 당파를 위한 열정으로

변방 27 127
변방 28 131
변방 29 135
변방 30 139
변방 31 143
변방 32 149
변방 33 153
변방 34 157
변방 35 161
변방 36 167
변방 37 171
변방 38 177
변방 39 181
변방 40 185
변방 41 189

변방에서 중심으로

변 방 42 ··· 197
변 방 43 ··· 201
변 방 44 ··· 207
변 방 45 ··· 211
변 방 46 ··· 215
변 방 47 ··· 219
변 방 48 ··· 225
변 방 49 ··· 229

* **에필로그**
  변 방 50 **중심국가론**(中心國家論) ································ 233

그해 봄, 지독한 가뭄으로 땅콩밭은 하루가 다르게 말라 들어가고 있었다. 보다 못한 아버지는 전 가족을 동원하여 낙동강 물을 물지게로 지고 타들어가는 땅콩밭에 물대기를 하였다. 그러나 물지게로 전 가족이 하루 종일 물대기를 해 봐도 모래밭에 물주기로는 해갈이 되지 않았다.

고통과 혼돈의 시절

변방 01

"**야**들아 짐 싸라. 며칠 뒤 이사 간다."

방학이 시작되어 자갈마당에 있는 노동회관에 영화를 보러 가려고 집을 나서던 나는 아버지의 말씀에 '또 이사 갑니까? 이번에는 어데로 갑니까?' 하고 물었다.

이번에는 창녕읍으로 간다.
고향은 창피해서 못 돌아간다는 것이다.

 일곱 살 때 집안이 망해 창녕 남지 고향을 떠나 대구 신천동에서 일 년을 보내고 신암동으로 이사 온 지 일 년밖에 되지 않았는데 아버지는 또다시 이사를 가야 한다는 것이었다. 우리가 고향을 떠나 대구로 이사를 갈 때도 동지섣달이었는데 이번에도 아버지는 동지섣달에 이사를 가기로 결정했던 것이다.

고향에서 대구 신천동으로 이사를 갈 때 손수레에 이삿짐을 싣고 야반도주하듯이 이틀을 걸어서 대구로 갔다. 신천동 산동네에 단칸 월세방을 얻어 다섯 식구가 살게 되었을 때 우리는 구호물자인 강냉이 죽에 의존하며 살았다. 여동생과 나는 큰 고갯마루에 있는 동사무소로 가 줄을 서서 하루에 한 번씩 강냉이 죽을 타 오곤 했다.

부모님은 선학 알루미늄 양은그릇 장사도 하고 팔공산 공산면 주변에서 나무를 해와 팔기도 하였다. 그러나 장사기질이 없던 두 분은 늘 밑지는 장사로 고향에 남아 있는 농토를 매년 한 마지기씩 팔아야 했다.

신암동의 싼 월세방으로 이사를 갔을 때 어머니가 하양까지 걸어가 사과를 사서 광주리에 이고 오면 작은누나와 여동생은 동네 골목에서 이를 팔아 장사를 하기도 했다. 학교에 갔다 오면 나는 여동생과 복현동 경북대 뒷산까지 가서 어머니가 하양에서 사 오는 사과를 나누어 들고 집으로 오는 것이 하루의 중요한 일과였다. 나는 사과가 그렇게 무거운 물건인지 그때 처음 알았다. 전 가족이 생활전선에 나서긴 했지만 요령이 없던 우리는 여전히 빈곤의 악순환에서 헤어나지 못했다.

화폐개혁이 있었고 경북대 뒷산에 묘구(猫狗)가 나타나 어린애들의 간을 빼 먹는다는 유언비어가 나돌 때 나는 등하굣길에 '동트는 새 아침에 어둠을 뚫고 찬란히 떠오르는 혁명의 불꽃' 하며 혁명가를 부르고 신암국민학교에 다녔다. 학력고사에서 3학년 전체 1등을 하자 친구도 생겨 대구 생활에 안정을 찾아가던 그 시절 나는 동급생 중 선생님 아들인 김혁이라는 아이가 그렇게도 부러웠다. 집안도 좋고 명랑하고 잘생기고 자기 공부방도 있던 그 애는 잘 사는 아버지를 만나 아무 걱정 없이 공부만 할 수 있었기에 한없이 부러웠다.

그 시절 나의 유일한 낙은 일요일 아침에 아버지가 주시는 1원을 받아 들고 영화 2편을 동시상영하는 노동회관에 가서 하루 종일 굶어가며 외국영화를 이해될 때까지 보고 또 보는 일이었다.

우리는 대구에서 보낸 이 년 동안 고향의 전답을 다 팔아먹고 다시 고향 근처 시골로 가게 되었다.

아홉 살이던 그해 12월 27일, 눈보라 속에서 우리는 또다시 손수레에 짐을 싣고 걸어서 창녕으로 이사를 떠났다. 월배를 지나 화원, 논공을 거쳐 위천에 도착하니 해가 저물고 있었다. 위천 여관방에서 밥 두 상을 사서 먹었는데 한 상은 아버지와 내가 먹고 나머지 한 상은 어머니와 누이 세 명이 나누어 먹었다.

밥 한 그릇을 네 사람이 나누어 먹은 누이 세 명은 배가 고파 그날 밤 여관방에 매달려 있는 메주를 뜯어 먹고 밤새도록 설사를 하였다.

그 이튿날 창녕읍으로 내려가면서 아버지는 허기를 채워 줄 목적으로 엿을 사서 전 가족에게 나누어 주었다. 십이리에 이르렀을 때 그 마을 사람들은 서커스 단원들이 온 것으로 알고 우리를 감싸고 돌면서 마치 원숭이 구경하듯 놀리기도 하였다. 참으로 부끄럽고 부끄러웠다.

우리 가족이 밤늦게 창녕에 도착하여 짐을 꾸리고 있는데, 주인 할머니가 자식들이 많아 방을 내줄 수 없다며 내일 당장 나가라고 하는 바람에 하루 만에 쫓겨 나와 술정리에 있는 곰보 아저씨의 집 아래채에 자리를 잡았다.

창녕에서 부모님은 대구에서와 마찬가지로 손수레를 끌고 시골로 돌아다니면서 양은그릇 장사를 했다. 그러나 외상값도 받지 못하고 손해만 늘어 더 이상 장사로는 살길이 없어 6개월 만에 여동생만 데리고 본업인 농사를 짓기 위해 합천 산골로 또 이사를 했다.

창녕읍에는 작은누나와 나만 학업 관계로 남고 나머지 가족들은 합천으로 이사를 가기는 했으나 그곳에서도 살기 어려웠다. 더구나 하천 부지 모래밭만으로는 먹고살기가 힘들기는 마찬가지였다.

그해 추석 무렵 낙동강 물이 불어나 합천에서 양식이 오지 않아 작은 누나와 나는 꼬박 3일을 굶을 수밖에 없었다. 양식을 가져온 어머니는 두 자식이 거지처럼 살고 있는 것을 보고 '가자, 죽어도 같이 죽고 살아도 같이 살자' 면서 합천 산골로 우리를 데려갔다. 6개월간 두 집 생활을 하다가 나는 부모님이 계시는 합천 산골로 다시 전학을 하였다.

국민학교 6년 동안 다섯 번을 전학한 것이다.

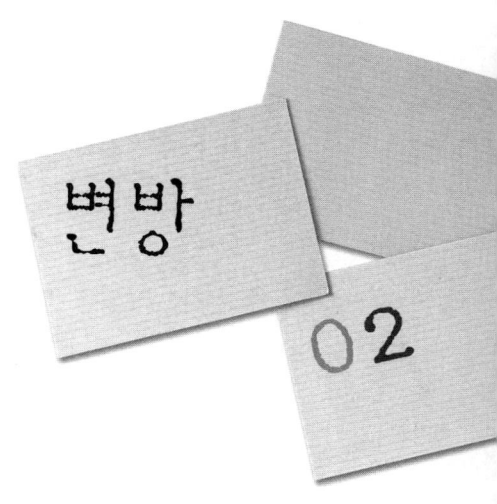

변방 02

"얘야, 일어나라, 빨리 일어나라. 둑으로 피난 가야 된다."

칠흑 같은 어둠 속에서 아버지의 다급한 목소리에 선잠을 깬 나는 여동생을 흔들어 깨워 마루로 나서니 이미 마루까지 흙탕물이 차오르고 있었다.

나는 여동생의 손을 꼬옥 잡고 아무것도 챙기지 못한 채 가슴까지 차오르는 물길을 헤치고 뒷둑으로 기어올랐다. 뒷둑에 올라 보니 이미 마을 사람들이 피난을 와서 옹기종기 모여 있었다.

옻칠을 한 듯한 새카만 하늘에서는 굵은 장대비가 쏟아져 내리고 있었고 샛둑이 터져 가야강 물이 일시에 동네를 덮치는 바람에 한밤중에 물난리가 난 것이었다.

우리 집은 낙동강과 가야강이 합류하는 지점에 위치하고 있었기 때문에 해마다 물난리로 한바탕 소동을 겪었다. 마을 사람들은 모두 둑 안에 살지만 우리 가족이 이 산골로 이사 오면서 쌀 집터가 없어 할 수 없이 둑 밖 낙동강가에 집을 지었다.

마을 사람들은 둑 안에 살아왔기 때문에 30년 전 경술년 물난리 이후로는 최악의 물난리라고 온통 어수선하였다. 그러나 우리는 이미 작년에도 물난리를 겪은 터라 새로울 것이 없었다.

장대비를 맞으며 몇 시간을 칠흑 속에서 오들오들 떨다가 새벽을 맞았다. 사람들이 웅성거리는 곳으로 아버지가 다녀오시더니 낙동강 흙탕물을 따라 사체도 떠내려 오고 가축들도 떠내려 오는데 죽은 돼지를 건져 보니 뱃속에서 뱀이 나오는 바람에 사람들이 놀라 다시 물속으로 밀어넣었다고 했다.

그해 봄은 지독한 가뭄이었다.

학교를 마치고 나면 온 가족은 낙동강변 하천 부지에 심어 놓은 땅콩밭에 물대기로 지루한 봄을 보냈다.

  낙동강변 하천부지는 모래밭이었다. 그곳은 밀, 보리, 땅콩밖에 심을 수가 없었다. 내년에는 내가 중학교를 가야 하기 때문에 가뭄에 강한 밀, 보리를 심지 않고 가뭄에 약하지만 수익성이 높은 땅콩을 심었다. 땅콩농사만 잘되면 내가 중학교 가는 데 문제가 없다고 여겨 땅콩을 심었다.

  그런데 그해 봄, 지독한 가뭄으로 땅콩밭은 하루가 다르게 말라 들어가고 있었다. 보다 못한 아버지는 전 가족을 동원하여 물지게로 낙동강 물을 지고 타들어가는 땅콩밭에 물대기를 하였다. 그러나 물지게로 전 가족이 하루 종일 물대기를 해 봤자 모래밭에 물주기로는 해갈이 되지 않았다.

  타들어가는 땅콩밭을 보면서 우리 가족의 속도 시커멓게 타들어갔다. 올해도 장리곡을 써야 하는 아픔도 있지만 내가 중학교에 갈 수가 없게 되기 때문이었다.

  땅콩밭이 거의 다 타들어갈 즈음 비가 오기 시작했다.
  봄이 끝나고 여름이 시작될 즈음 시작된 비를 바라보면서 나는 하늘에 절을 하고 고마워했다. 천지신명이 그래도 우릴 버리지 않았다고 감사했다.

 올해는 장리곡을 쓸 필요도 없고 중학교에도 갈 수 있게 되었다.

 그러나 그 비는 하루 이틀에 그치지 않았다. 그 후로 45일간 계속된 지루한 장맛비였다. 낙동강 물은 넘쳐넘쳐 황톳물로 변했고 가뭄에 타 들어가던 땅콩밭은 이미 물속으로 잠겨 버렸다.

 어느 농작물이라도 물속에서 하루 이틀만 보내면 뿌리가 뒤집혀져 물이 빠져도 시들어 죽어 버린다.

 내 가족의 꿈은 그해 장마로 사라져 버렸고, 그날 밤 가야강 둑이 무너지면서 우리 집도 연기처럼 사라져 버렸다.

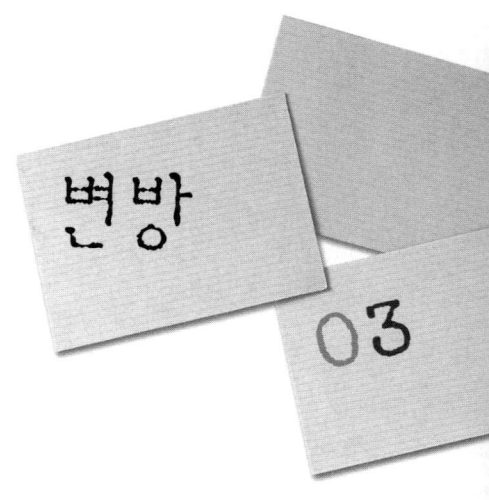

홍수로 고립되어 있다가 일주일 만에 4킬로미터 떨어진 학남분교로 등교를 했다. 그동안 학교에 나오지 못한 학생들은 밤마리에 사는 나하고 세 사람뿐이었기 때문에 학교 수업은 계속되고 있었다.

 6학년 1학기 말 시험을 며칠 앞둔 시점이라 모두 시험공부에 열중하고 있었다. 선생님께서도 자습 시간을 주어 저녁 늦도록 학생들을 잡아두었다.

 도내 학력고사가 곧 닥쳤기 때문이었다.

도시락을 싸가지 못한 나는 점심시간이면 우물가에서 물로 배를 채우고 학교 뒷산에 늘 올라갔다. 점심시간이 지나고 교실로 들어오면 반찬 냄새와 밥 냄새 때문에 배고픔의 고통이 더 심했다.

허기진 몸으로 집에 돌아오면 보리밥과 쉬어 빠진 김치 쪼가리, 간장만이 나를 기다리고 있었다. 어머니는 항상 자식들을 배불리 먹이지 못한 것을 미안해했다. 가끔 쌀이라도 생기면 한 움큼씩 아버지 밥 속에만 넣어 주곤 했다.

나는 국민학교 6년을 다니면서 다섯 번이나 전학을 다녔다.

1학년은 고향인 남지에서 다녔고, 2학년은 대구 신천국민학교를 다녔고, 3학년은 대구 신암국민학교, 4학년은 창녕국민학교, 그리고 5, 6학년은 합천 학남국민학교를 다녔다.

한량에다 방랑기 있는 아버지는 늘 뜬구름같이 떠돌아다녔다.

정들만 하면 이사를 하곤 해서 나는 친구를 사귈 틈이 없었다.

그래서 나는 친구가 없었다. 친구라고 해 봐야 시골 분교인 학남학교 동기생 서른여덟 명뿐이었다.

전학 온 지 두 달밖에 되지 않아 친구도 없는 나는 그날도 점심시간이 되자 수돗가에 가서 물로 배를 채우고 뒷산에 올라갔다.

동산에 누워 하늘의 흰구름만 보고 있는데 누군가가 다가와서 '니 밥묵었나' 하고 말을 걸어왔다. 돌아보니 같은 학년에 다니는 여학생이었다.

그 여학생은 동급생 중에서 공부도 제일 잘하고 얼굴도 제일 예뻤다. 분교 학생들은 모두 그녀에게 말을 한 번 걸어 보려는 시도를 했으나 도도한 그 여학생은 잘 응해 주지 않았다.
"내가 본께 니 매일 밥도 안 묵고 물배 채우던데 어디 아푸나."
그렇게 말하면서 그 여학생은 나에게 군감자와 고구마를 내어 놓고 먹으라고 했다.

먹고 싶은 마음이 굴뚝 같았으나 나는 그것을 먹지 않았다.
그리고 아침밥 먹은 것이 배탈이 나서 그런다고 둘러대고 둘이 동산을 내려왔다.
둘이서 동산을 내려오는 것을 본 애들이 그날부터 짓궂은 소문을 내기 시작했다. 누군가 학교 칠판에 이상한 글을 몰래 써놓기도 했다.
도내 학력고사를 치르고 결과 발표가 있던 날, 선생님은 별로 달가워하지 않았다. 그것은 갓 전학 온 내가 최상위 등급에 있었고 자신이 3년간 가르쳐 온 애들은 중간 등급밖에 받지 못했기 때문이다.

도내 학력고사 결과가 마을 전체에 퍼지면서 나는 공부 잘하는 아이로 대접을 받게 되었다. 자연스럽게 내 주변에는 친구들이 몰려들었고 그 여학생과도 스스럼없이 친해질 수 있었다.

나보다 한 살 위였던 그 여학생은 나를 꼬마대장이라고 불렀고 점심시간이면 늘 뒷동산에 군고구마, 감자를 몰래 가져다주었다.

마음 붙일 데 없었던 내 어린시절에 친누이처럼 나를 이해해 주고 감싸주던 그 산골 동창생은 지금 대구에서 할머니가 되어 다복하게 잘살고 있다고 한다.

6학년이 되던 해, 작은누나는 국민학교를 졸업하고 돈 벌러 대구 직물공장으로 떠났으며 집에는 부모님과 여동생만 남게 되었다.

그해 여름방학 때 어머니는 마을 아주머니를 따라 달비 장사에 나섰다. 어머니의 고생은 나의 학비를 벌기 위해서였다.

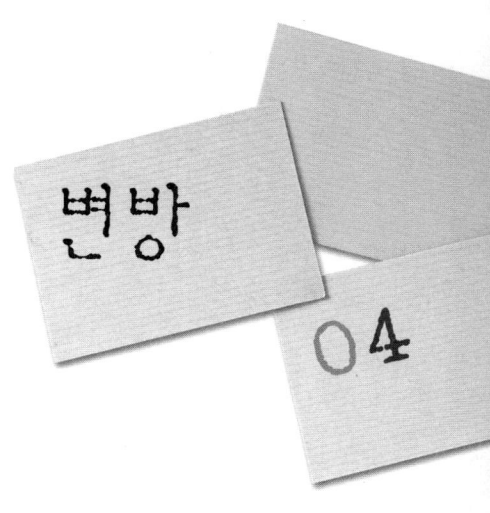

변방
04

달비는 처녀나 부녀자들의 머리카락을 말한다.

60년대 우리나라의 최고 수출 품목은 가발이었다. 가발을 수출하기 위하여 원료로 처녀들의 긴 머리카락이나 머리 빗을 때 나오는 탈모뭉치를 수집해 가공하여 가발을 만든다.

한국인의 머리카락은 가발 만드는 원료로는 최상품이라고 한다. 어머니가 마을 아주머니들을 따라서 바늘, 실, 여자들 노리개 등 방물을 머리에 이고 서부 경남지역으로 다니면서 머리카락과 방물을 바꿔 수

집해 오면 가발상이 와서 머리카락을 저울에 달아 현금을 줬다.

그 당시 서부 경남지역 시골에서는 아낙네들의 달비 장사가 부업으로 유행이었다. 어머니가 달비 장사를 떠난 날부터 나는 해질녘이면 선창가에 가서 건너편 백사장을 바라보면서 어머니가 오시기만을 기다렸다.

어머니는 부끄러움을 많이 타서 장사에는 적합하지 않는 사람이었다.
달비 장사를 하면 대개 식사는 방문하는 집에서 얼렁뚱땅 얻어먹는 것이 일반적이었는데 그런 요령이 없던 어머니는 얻어먹지도 못했다. 그런 어머니가 걱정이 되었다.
몇 푼 벌자고 나간 사람이 자기 돈으로 밥을 사 먹지는 않을 테니 굶지는 않는지 너무 걱정이 되었다.

내 여동생은 학교 갔다 오면 홀치기로 돈을 벌고 있었다.
홀치기는 일본 여자들 옷인 기모노의 허리 장식품이다. 그 당시 우리나라 시골처녀들은 홀치기로 외화를 벌어들였다.
매일 아침저녁으로 선창가에서 피라미 낚시로 아버지의 횟감을 마련하는 것은 나의 몫이었다.

보름 후 저녁 무렵에 돌아온 어머니는 기진맥진해 쓰러졌다. 같이 간 아주머니는 넉살이 좋아 밥을 얻어먹고 다녔는데 어머니는 하루에 한 끼도 먹지 못했다고 했다.
"다시는 나가지 마라. 사람 잡겠다."
아버지는 화를 버럭 내셨지만 측은했던지 손수 미음을 끓여 어머니께 주셨다.

그날 밤, 나는 낙동강변에 나가 속이 시원해질 때까지 실컷 울었다. 우리 가족이 이렇게 사는 것도 분하고 어머니의 기진맥진한 모습을 보고도 부모님을 도울 길이 없다는 것이 분했다.
막노동이라도 해서 부모님을 도울 수만 있다면 나서 보겠는데 나는 키도 작은 꼬마였고 힘도 없었다.

내가 꼭 해야 할 일은, 공부라도 열심히 하는 길밖에 없었다.

내가 부모님을 기쁘게 해 드리는 길 역시 공부라도 잘하는 길밖에 없었다.

국민학교를 졸업하자 8킬로미터 떨어진 옥야중학교에서 오라고 했으나, 나는 그 제의를 뿌리치고 보리쌀 두 말을 들고 대구로 유학을 떠났다.

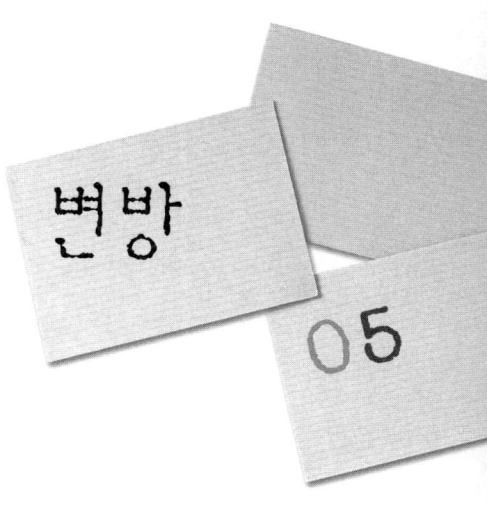

변방

05

　*대*구로 유학 가던 날에는 겨울비가 많이 내려 밤마리 선창 건너편까지 대구행 버스가 오지 않았다. 아버지는 간단한 가재도구와 보리쌀 두 말을 지게에 지고, 나하고 어머니는 터덜터덜 8킬로미터 떨어진 구지까지 함께 걸어서 갔다.

　나는 아버지가 40세가 넘어서 난 만득(晚得)이다. 이미 마을에서 홍노인이라는 소리를 듣던 늙으신 아버지에게 무거운 짐을 지게 하여 앞세우고 비를 흠뻑 맞고 뒤따라가면서 나는 한없이 죄송스럽고 미안하기만 했다.

'시골중학교에 다니면 이런 일이 없을 터인데 굳이 대구로 가겠다고 고집을 피워 부모님을 이렇게 생고생시키는구나.'

이런 생각에 마음이 미어졌다.

눈물인지 빗물인지 모를 것으로 범벅이 된 채 두 시간을 걸어 구지에 도착한 나는 차를 태워 주고 돌아가시는 아버지를 그냥 보내드리기가 안타까웠다. 그래서 학용품을 사라고 준 돈 30원에서 10원을 드리면서 돌아갈 때 술이라도 사 드시라고 했다.

일 년 전, 직물공장에 취직하여 대구 월세방에 살고 있는 작은누나와 만나 가재도구를 정리하였다. 그리고 그 이튿날 어머니는 입학식에 참가한 뒤 내당주차장에서 밤마리로 돌아갔다.

나는 어머니 젖을 일곱 살까지 먹었을 정도로 어머니 뒤만 졸졸 따라다녔다. 어머니와 헤어져 산다는 것을 한 번도 생각해 본 일이 없던 나는 내당주차장에서 어머니가 탄 차가 출발할 때까지 버스 차창을 보고 한없이 울었다. 남은 용돈 20원 중에서 10원을 다시 돌려 드리면서 아버지에게 술을 사 드리라고 했다.

나의 아버지는 대주가였다.

술을 하루라도 마시지 않으면 생활을 할 수 없을 정도로 술과 하루를 시작하고 술과 하루를 마쳤다. 그러나 나는 아버지가 술을 마시면서 술주정을 하거나 다른 사람과 시비가 붙은 것을 본 일이 없었다. 그만큼 자기절제력이 뛰어난 분이셨다. 어머니의 가장 중요한 일 중의 하나는 밀주를 담가 막걸리를 일 년 열두 달 아버지 밥상에 매일 올리는 것이었다.

그러나 동네 술도가에서 한 달에 어느 정도 막걸리를 팔아 주지 않으면 밀주 단속이 나오기 때문에 밀주를 담그더라도 막걸리는 별도로 사 주어야 했다.

이렇게 나는 처음으로 부모님을 떠나 대구에서 유학생활을 시작하였다.

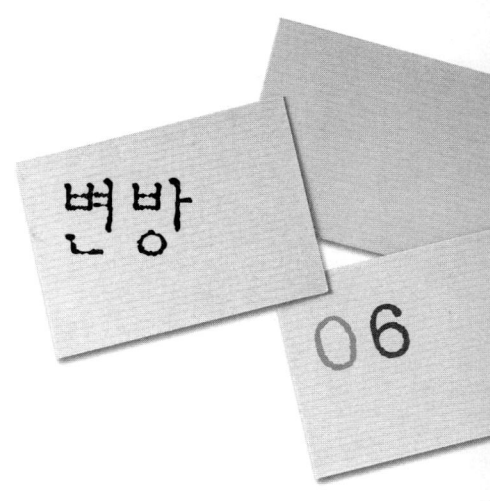

변방 06

대구 내당동 월세방에서 표독스런 주인아줌마의 전기 사용 감시 아래 밤이 되면 방문에 홑이불을 걸쳐 놓고 공부를 해야만 했다.

밤 열 시가 되기 전에 전깃불을 끄라는 주인아줌마의 엄명이 있었기 때문이다. 밤늦게까지 불을 켜놓으면 전기세가 많이 나온다는 것이었다.

그 당시에는 가구별로 전기 미터기를 달지 않고 집 전체에 하나의 전기 미터기만 달았기 때문에 일찍 전기를 꺼야 전기세가 덜 나왔다. 그래서 주인아줌마는 늘 10시 전에 소등하라고 난리를 쳤다.

학교생활은 고통의 연속이었다.

친구 한 명 없는 것은 고사하더라도 중학교 시절에도 점심식사 시간이면 늘 수돗가에서 수돗물로 배를 채워야 했기 때문이다.

학교 매점에 가면 단팥빵을 살 수는 있었다. 하지만 그것을 사 먹을 돈이 나에게는 없었다.

보리밥을 싸갈 수는 없었고 반찬도 없었기 때문에 도시락은 생각할 수도 없었다. 점심시간에는 수돗가에 갔다가 도서관에서 공부할 수밖에 없었다. 체구도 작고 힘도 없는 내가 잘할 수 있는 것은 그저 공부밖에 없었다.

1학기 중간고사에서 전교 1등을 하고 난 뒤 특대생이 되었다. 그래서 공납금을 면제받으면서 친구가 늘어나기 시작했고 즐겁게 학교생활을 할 수 있게 되었다.

처음 월세방에 살 때는 우연히 알게 된 작은누나보다 세 살이나 많은 영자누나와 세 사람이 월세를 아낀다고 동숙을 하게 되었다.

영자누나는 당시 대구 키네마 극장에서 매표원으로 근무했는데, 달덩이 같은 얼굴에 몸이 비대했던 것 같다.

영자누나 덕에 극장 입장권 공짜 표를 얻어 동성로 키네마 극장에 두

번 가 보긴 했지만 그 누나는 계산이 바르고 깔끔했던 것으로 기억된다.

잠자다가 어쩌다 부딪치면 영자누나는 '조것도 남자라고 전기가 온다'고 킬킬대며 놀리곤 했다. 작은누나는 아무래도 안 되겠다 싶었는지 나를 데리고 일 년 후에 근처 내당동 국숫집으로 이사를 했다.

중학교 2학년이 된 3월 초, 나의 자취집에는 불청객이 들이닥쳤다.

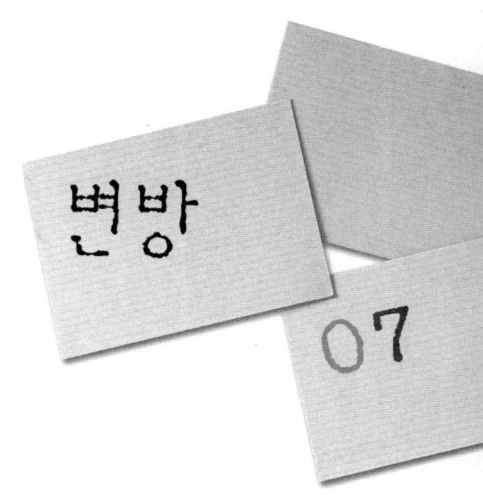

큰누나가 질녀를 데리고 나의 월세방에 찾아왔다.

큰누나는 내가 대구에 살 때부터 바람이 나, 남지 고향 등지로 돌아다니다가 의창군 북면 온천장에 사는 김상도라는 청년을 만나 동거에 들어가 질녀를 낳았다.

그러나 아버지는 큰누나의 동거를 인정하지 않았다. 그것은 김상도라는 사람의 출신과 이력 때문이었다. 그러나 나는 아버지의 그런 생각을 지금도 이해하지 못한다. 사람됨만 보면 되지 출신과 이력이 무슨 상관인가.

그러나 고루한 유학 관습에 사로잡혀 있던 아버지는 부모가 인정하지 않는 동거 생활을 받아들일 수가 없다고 버티셨다.

자형이 되는 김상도라는 분은 나를 이 세상에서 최초로 알아준 분이다. 자형은 늘 '우리 처남은 앞으로 큰 인물이 될 거다' 라고 하면서 나를 만날 때마다 치켜세워 주었다. 자형은 준수한 용모에 한주먹 하는 사람이었다.

그러나 출신의 굴레를 벗어나지 못하고 항상 술에 찌들어 사는 알코올 중독자였다. 평소에는 그렇게도 다감하던 사람이 술만 들어가면 포악해지는 알코올 중독 증세를 보이곤 했다. 그 이후로 나는 앞으로 어른이 되면 술은 절대 마시지 않겠다고 다짐하곤 했다.

큰누나는 남편의 구타를 피해 의창군 북면 온천장에서 대구로 도망을 온 것이었다. 이틀 후 중간고사가 있어서 나는 마음이 다급하기 그지없었다. 그렇지만 자형이 셋방을 찾아올 것 같아 어린 조카와 큰누나를 데리고, 연락을 받고 급히 올라온 어머니와 함께 여인숙 방에서 닷새 동안 기거하면서 중간고사를 치렀다.

셋방을 찾아온 자형은 다시는 술을 먹지 않겠다고 맹세에 맹세를 거듭하고는 대구 구일 택시 운전기사로 취직하여 나와 같이 살면서 새로운 생활을 시작했다.

단 하루 시발택시를 운전하고 나서 일당을 받아온 그날 밤, 자형은 다시 술을 마시기 시작했다.

알코올 중독자들은 술을 마시면 잠도 자지 않고 밤새도록 마신다. 그리고 포악한 행동을 하면서 사람을 구타하고 가재도구를 다 부순다. 이 삼 일 그런 행동을 하다가 멀쩡해지면 180도 다른 사람이 되어 버린다. 언제 그랬나 싶을 정도로 다른 사람이 되다가 술을 마시면 또다시 정신이 나가 버린다.

한 달간 이런 생지옥 같은 생활을 반복하다가 자형네는 나와 어머니의 설득으로 북면 온천장으로 돌아갔다.

그해 겨울, 자형은 술에 취해 북면 온천장 거리를 헤매다가 길에서 동사(凍死)했다. 나를 세상에서 제일 처음 알아준 사람은 그렇게 비명횡사했다.

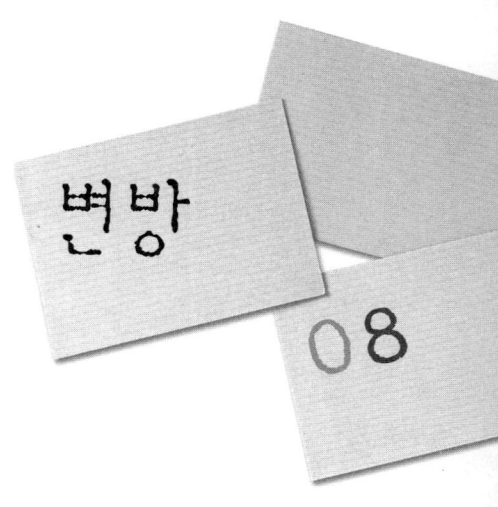

고등학교 2학년에 올라가면서 나는 문과가 아닌 이과를 선택했다.
경북대학교 의과대학을 가기 위해서였다. 의사가 되어 사회적으로 존경도 받고 돈도 많이 벌기 위해서 의과대학을 가기로 했다.

그러나 고등학교 3학년 여름방학 때 아버지는 의과대학을 가려면 돈이 많이 드니 육사를 가라고 했다.

"육사는 학사 자격도 주고 육군 소위도 될 수 있으니 일거양득이 아니냐."

아버지는 이렇게 말씀하시며 육사를 가라고 했다. 나는 아무런 이의도 달지 않고 육사를 가겠다고 했다.

우리 집에 있어서 아버지의 말씀은 절대적 위력을 보였다. 비록 돈도 벌지 못하고 가족들을 고생시키지만 카리스마 하나는 절대적이었다.

그해 10월, 나는 대구고등학교에서 치른 육사 특차시험에 합격했다. 한 달 반 이후 있을 대입 예비고사를 앞두고 더 이상 대구에 있을 필요가 없다고 판단한 나는 짐을 싸들고 시골로 내려갔다. 그리고 시골에서 죽창을 만들어 산을 헤매면서 토끼, 노루잡이로 소일하였다.

그해 12월 초순, 대구로 올라가서 예비고사를 치르고 중순경 집에 오니 아버지가 지서에 잡혀 있다고 하였다. 동네 사람들이 아버지가 남이 훔친 비료를 매수하여 장물을 취득했다고 말해 주었다.

바로 지서로 면회를 가니 아버지는 그 비료를 웃촌 장씨와 같은 날 농협지소에서 배급받았는데 농협조합장이 자신의 부정을 숨기기 위하여 장부를 조작, 자신에게 누명을 씌우고 있다며 억울해하셨다.

그날 밤, 나는 웃촌 장씨를 찾아가 사실대로 증언해 달라고 했다. 그러나 그는 증언하면 조합장이 내년부터 비료를 배급해주지 않겠다고 했다면서 '좀 알아서 처리하라'고 간곡히 거절했다.

할 수 없이 아버지는 조합장이 하는 일에 반대하지 않겠다는 조건을 달고 훈방으로 풀려 나왔지만, 나는 이 사건을 겪고 난 뒤 바로 진로를 법대로 바꾸었다.

'군인보다 검사를 해야겠다.'

며칠 뒤 나는 다시 대구로 올라갔다. 문과로 진로를 바꾸어 국어 2, 고전문학을 20여 일 동안 마무리 정리한 뒤 고대 법대에 응시하여 다행스럽게 합격하였다.

합격 소식을 들은 아버지는 입학금 때문에 걱정이 태산 같았고 어머니는 한숨만 쉬고 있었다. 백방으로 수소

문한 끝에 아버지와 작은누나가 빚내온 입학금 5만 6천 원과 한 달 하숙비 1만 4천 원을 들고 1972년 2월 24일, 열여덟 살에 단신으로 동대구역에서 야간 열차를 타고 추풍령을 넘었다.

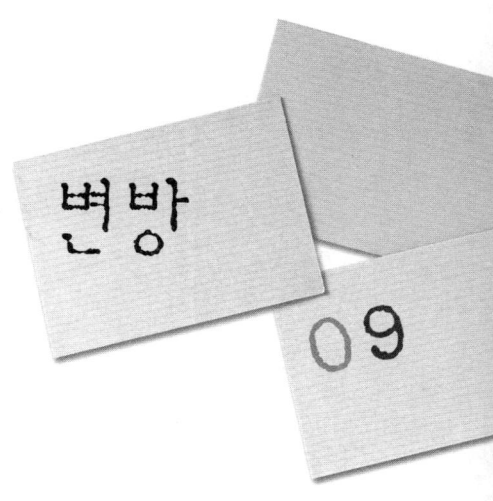

변방 09

1972 년 2월 25일 새벽 6시 서울역에 도착했다.

입학시험 볼 때와 면접시험 볼 때는 당일치기로 밤차를 타고 와서 바로 내려갔기 때문에 서울 지리를 알지 못했던 나로서는 친척도 친구도 아무도 없는 서울 초행길이 마냥 두렵기만 했다.

그날 아침은 영하 15도나 되는 강추위가 엄습한 날이어서 서울역의 새벽은 더욱더 을씨년스러웠다.

'이제부터는 나 혼자다. 정신 바짝 차리고 살아야 한다.'

변방에서 중심으로 가기 위해 나는 대구로 갔고 이젠 대한민국의 중심으로 왔다.

모두가 나의 선택에 의해 여기까지 왔기 때문에 그 누구도 원망할 수 없고 누구도 나를 도와주지 않는다. 모든 것을 나 혼자의 힘으로 해결해야 한다는 절박함이 가슴에 다가들었다.

옷가방과 책가방을 양손에 챙겨들고 개찰구를 빠져나와 버스역으로 갔다. 서울역 앞 정류장은 늘어선 버스들로 장관이었다.

'서울에는 사람도 많다더니 새벽부터 버스도 이렇게 많구나.'

버스 차장에게 고대 가는 버스를 물으니 건너편에 가서 타라고 했다. 무거운 짐을 들고 지하도를 건너가니 건너편에선 또다시 건너가라고 했다.

두어 번을 반복하다가 '38번 고대 앞'이라고 쓰인 버스에 간신히 올라타고 안도하며 가고 있는데, 빌딩들이 나와야 할 법한 시간이 되었을 때 차창 밖에는 들판이 보이기 시작했다.

이건 아니다 싶어 차장에게 물어보니, 차장은 하루 종일 타고 있으면 고대 앞을 간다고 말했다.

그 버스는 석관동에서 고대 앞을 거쳐 안양으로 가는 버스였다. 허겁지겁 탄 것이 결국 반대 방향에서 잘못 탄 것이었다. 시험 치러 올 때는 택시를 타고 다녀 잘 몰랐지만 그때는 돈도 1만 4천 원밖에 없었기 때문에 돈 아낀다고 버스를 탄 것이 그런 실수를 하고 만 것이었다.

들판에서 내려 건너편으로 가서 38번을 아무리 기다려도 버스는 오지 않았다.
날씨는 살을 에는 듯이 춥고 허기진 배는 더욱더 조바심을 나게 했다.

할 수 없이 서울역 방향의 버스를 타고 서울역으로 다시 오니 8시가량 지나 있었다.
불가피하게 택시를 타고 고대 앞으로 가자고 했다. 그랬더니 이번에는 지난번 입학시험 때와는 달리 고가도로를 두어 번 오르내리고 빙빙 돌아가는 느낌이었는데 도착해 보니 요금이 230원이나 나왔다.
지난번에는 50원밖에 나오지 않았는데 4배 이상 많이 나온 것이었다.
'시골사람에게 바가지를 씌우는구나'라고 생각했지만 상경 첫날 액땜한 것이라고 여기며 250원을 주면서 나머지는 팁이라고 했다.

입학시험을 치를 때 본 적 있던 하숙집 한다는 아줌마가 하숙생 유치를 위해 길가에 나와 있었다. 결국 그 아줌마 집으로 따라가서 하숙집을 정한 뒤 안도의 숨을 내쉬면서 나는 한 많은 서울 생활을 시작하게 되었다.

고대 입학식이 있던 날, 모두가 자랑스러운 고대인이 되었다고 들떠 있었다. 그러나 본관 앞 잔디 광장 한구석에서 나는 앞으로 살아갈 일에만 골몰했다.

세계를 향해 포효하는 호상의 모습이 내게는 둥근 지구 위에서 미끄러지지 않기 위해 안간힘을 쓰는 것처럼 느껴졌다.

모든 고대인이 즐거워하던 그날 오후, 나는 동아일보에 가정교사 광고를 내기 위해 광화문으로 갔다.

  두 줄에 800원 하는 가정교사 광고를 내고 하숙집으로 돌아와 같이 생활하게 된 서울상대 경제학과에 입학한 마산 촌놈과 신세 한탄을 하며 하숙 생활의 막을 올렸다.

  처음 시작한 서울 생활은 모든 면에 있어서 실수투성이였다.
  가정교사를 하면서 가르치던 학생의 학교 성적이 오르지 않는다고 쫓겨나기도 하고 서울의 5대 극성이라는 여고 3학년생들을 가르칠 때는 나보다 한 살 많은 여고생들의 놀림감이 되기도 했다.
  가정교사를 마치고 밤늦게 하숙집으로 돌아오며 불 켜진 중앙도서관을 바라보면서 '내가 공부하러 서울 왔나, 먹고살러 서울 왔나' 하며 한탄하기도 했다. 그리고 부모님 잘 만나 아무 걱정 없이 즐겁게 대학의 낭만을 누리는 동급생들이 한없이 부럽기도 했다.

  가져온 1만 4천 원으로 택시비 250원, 하숙비 1만 2천 원을 주고 정재각 교수님의 저서 『세계문화사』를 800원에 사고, 동아일보에 광고비 800원을 내고 남은 돈 150원으로 시작한 나의 서울 생활은 점차 안정을 찾아갔다.

이때 나를 가장 괴롭힌 것은 교양학부 제2외국어로 선택한 불어였다. 내가 다닌 고등학교에서는 제2외국어를 가르쳐주지 않았다.

고등학교 2학년 학기 초에 한 달 정도 독일어를 가르쳐 주다가 독일어 강사가 유학 가 버리자, 학교에서는 그 시간을 자습시간으로 정해 버렸고 그 후로는 아예 독일어 시간이 없었다. 그러다 보니 나는 제2외국어에 대해서 백지 상태나 마찬가지였다.

이문영 교수님이 불어를 권유해 강성욱 교수님의 〈초급 불어〉를 신청했는데, 강 교수님은 처음 모제를 들고 수업을 시작하면서 아예 회화부터 하기 시작했다.

고교 때 불어를 하지 않고 불어 강의를 듣는 사람은 나뿐이었다.

강성욱 교수님은 모든 학생이 고교 때부터 불어를 공부한 것을 전제로 수업을 한 것이었다. 중간고사를 치러보니 18점이 나왔고 기말고사에서도 24점밖에 나오지 않았다. 결국 1학기 불어는 F학점으로 처리되어, 나는 태어나서 처음으로 낙제점을 받게 되었다.

2학기 수강 신청을 할 때 어차피 낙제할 바에는 초급보다 고급으로 가자고 판단했다.

오 교수님의 〈고급 불어〉를 신청하고 수업을 듣는 둥 마는 둥 하면서 보내는데 10월 유신으로 휴교 조치가 취해졌다. 그해 12월 기말시험을 볼 때 백지를 내면서 교수님께 사정을 말하니 고맙게도 80점의 높은 점수가 주어졌다.

일 년간 힘든 세월을 보내던 나는 1973년 3월, 등록을 포기하고 시골로 다시 내려갔다. 이렇게 살기에만 급급한 생활을 하며 사 년 동안 다녀본들 대학 생활은 무의미하다고 판단했고 더 이상 학비와 생활비를 조달할 자신이 없었기 때문이다.

차라리 독학을 하자!

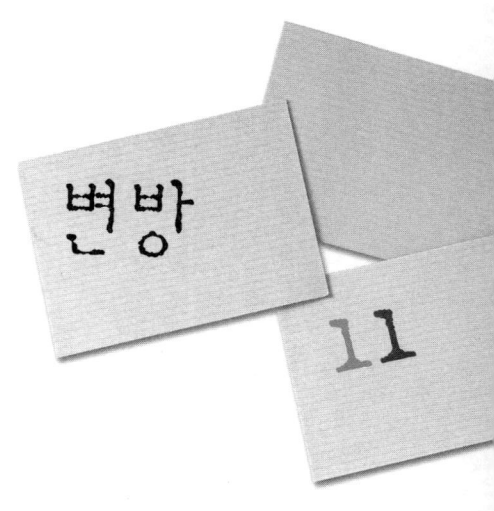

남은 돈을 모두 털어 석탑 서점에 가서 사법시험 과목에 해당하는 모든 책을 샀다.

그리고는 대구 근교에 있는 도덕암으로 거처를 옮겼다.

아직 나이가 19살이었기 때문에 신검은 나오지 않았다.

'2년을 승부의 기간으로 잡자. 중·고교 때도 학교에서 배우는 것이 마뜩잖아 독학을 하며 여기까지 왔는데 사법시험이라고 해서 독학으로 합격을 못할 리 없다.'

그해 해병대에 입대하는 고향 친구가 준 세이코 시계를 벗 삼아 나의 외로운 산사생활은 시작되었다.

하루 열다섯 시간씩 막무가내로 책만 보았다.

이해가 되지 않는 부분은 건너뛰었다.

그러나 법전은 고등학교 책처럼 그렇게 호락호락하지 않았다. 물어볼 데도 없고 토론할 사람도 없는 산사에서 아무런 기초지식도 없이 무턱대고 공부한다는 것이 얼마나 무모한 일인지 석 달 후에 깨달았다.

특히 민사소송 분야는 아무리 법전을 훑고 훑어도 이해가 되지 않는 부분이 많았다.

그해 여름, 산사에서 철수하여 시골로 돌아갔다. 농사일과 친구 아버님이 운영하는 뱃사공 보조노릇만 하며 〈처녀뱃사공〉 노래를 부르면서 시간을 보냈다.

마을 사람들은 분수도 모르고 대학 가더니 사람 망쳤다고 수군거렸다. 저녁에는 머슴방으로 가서 시골 머슴 형들과 화투로 세월을 보내고 낮에는 낙동강변에서 세월을 낚았다. 지게를 지고 산에 나무하러 다니기도 하였고 남의 집 품앗이 막노동도 거침없이 했다.

낭인이 된 것이었다.

보다 못한 아버지는 동네사람 보기 창피하니 어서 대구로 올라가라고 채근했다.

9급 공무원 시험이라도 보라는 것이었다.

그러나 작은누나는 '이제부터 내가 학비와 생활비를 마련할 테니 복학준비를 하라'고 재촉했다. '내 동생은 더 큰일을 할 수 있는 능력이 있다'면서 아버지를 설득했다.

1974년 2월, 복학하기 전 나는 낙동강 나루터에서 신랑과 같이 구정을 보내기 위해 복스런 아들을 안고 귀향하는 산골 동창생의 행복한 얼굴을 보고 참으로 고마웠다.

내 어릴 적 힘든 시기에 나를 격려해 주고 내 마음의 평정을 찾을 수 있게 힘을 준 내 누이 같던 산골 동창생이 저렇게 행복하게 살고 있다는 것이 너무나 고마웠다.

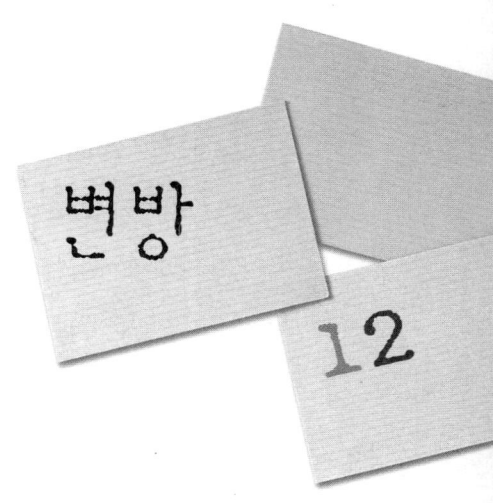

변방

12

*1974*년 3월 초, 재입학했다. 그리고 나는 처음 입학할 때 그 마음으로 공부를 하기로 다짐했으나 제대로 되지 않았다.

그것은 작은누나가 학비와 생활비를 부담하겠다는 약속을 하는 바람에 느슨해진 탓도 있었지만, 숨 가쁘게 달려온 지난 생활로 지쳐 있었기 때문이다.

공부를 열심히 하는 것도 아니고, 그렇다고 학교생활을 충실히 하는 것도 아닌 어정쩡한 생활을 하던 그해 6월 중순경, 고향으로부터 다급한 연락을 받았다. 고향집이 방화로 소실되었다는 것이었다.

급히 내려가 보니 부모님과 여동생은 텃밭에 비닐 가건물을 짓고 그 장마 속에 비를 맞으며 살고 있었다.

뒷집 진씨 큰아들이 자기 아버지와의 불화로 한밤중에 식칼을 들고 아버지를 살해한 다음 집에 불을 질렀는데, 그 불이 바람을 타고 우리 집으로 옮겨 붙으면서 뒷집은 멀쩡하고 우리 집만 홀랑 타버린 것이다.

지서에 가 보니 진씨 큰아들은 이미 합천 본서로 압송되었고 우리는 배상을 받을 방법조차 찾지 못했다. 가족회의를 한 결과 마지막으로 울산으로 이사를 가기로 결정했다.

어릴 적 고향을 떠나 대구, 창녕, 합천 등지를 떠돌다가 이젠 울산으로 흘러가기로 한 것이었다.

울산은 당시 현대조선소, 자동차, 석유화학 단지가 설립되어 우리나라 최고의 공업도시로 발전하고 있었기 때문에 살길이 있을 것이라고 생각했다.

낙동강 하천부지 경작권과 가재도구를 모두

팔아보니 전 재산이 32만 원밖에 되지 않았다. 그 돈으로 울산 복산동 산골짜기에 단칸 월세방을 얻어 마지막 종착역인 울산에서의 힘겨운 생활을 시작하였다.

어머니를 빼고 대구에 있는 작은누나까지 울산으로 불러들여 모두 직업 전선에 나섰다.

아버지는 이모네 소개로 이미 울산에 와서 터를 잡고 있던 현대조선 소에 임시직 야간 경비원으로 취직하였고, 여동생과 작은누나도 공장에 직원으로 취직하였다.

당시 울산 전하동에 있는 현대조선소는 초창기였기 때문에 일산 바닷가 허허 모래벌판에 담도 없이 철조망을 쳐 놓고 배를 건조하고 있었다.

하루 종일 배를 건조하다가 남은 철근, 쇳조각이 백사장에 널려 있는데 그것들을 밤새 지키는 것이 야간 경비원인 아버지의 일이었다.

이른바 비정규직 노동자인 셈이었다.

그해 겨울방학 때 울산에 들렀던 나는 영하 15도나 되는 전하동 백사장에서 모닥불을 피워 놓은 채 밤새 쪼그리고 앉아 경비를 서는 늙으신 아버지를 먼발치에서 보고 피눈물을 흘렸다.

검사가 되어 1987년 울산에 부임했을 때, 현대중공업 임원들과 회식을 할 일이 있었다. 이때 나는 내 아버님도 현대조선소에 근무한 일이 있다고 말했다. 그러자 나중에 중공업 임원들은 사원 명부를 뒤져 나의 아버지를 찾아보았다고 한다. 그러나 일당받는 임시직 경비원이 사원 명부에 등재되어 있었을 리가 있겠는가.

유신 반대 운동으로 시작된 1974년의 대한민국은 어수선하기 이를 데 없었다.

그러나 나는 국가적 관심사보다 자신의 앞날과 가족 대표로서의 책무에만 열중했다. 그해 8월 중순 음력으로 칠석을 하루 앞둔 날, 집으로부터 아버지가 돌아가셨다는 연락을 받았다.

1914년에 태어나신 아버지는 일제 시대에는 시골 서당을 하다가 외갓집 할아버지의 인정을 받아 당시 남지 갑부였던 외갓집에 데릴사위와

비슷한 신분으로 큰딸인 어머니와 결혼했다고 한다. 아들이 없던 외갓집에서는 큰딸에게 많은 재산을 물려주게 되었다. 그러자 외가로부터 해방이 되어 할 일이 없어진 아버지는 그때부터 한량의 길로 들어섰던 것이다.

아침에 일어나면 낙동강변 백사장에서 활쏘기를 하고 그것이 끝나면 바로 기생집으로 가서 밤 11시 40분 통금 직전까지 매일 술판을 벌였다고 한다.

그러나 축첩을 하지 않아 아버지는 돌아가실 때까지 어머니로부터 존경을 받았다. 그러다 보니 매년 논밭을 팔아 유흥비로 탕진하게 되었고, 내가 국민학교 1학년에 다닐 즈음 이미 가산은 기울어져 있었다.

그 뒤부터 아버지의 인생은 고난의 연속이었다.

매년 한 번씩 이사를 다니면서 뒤늦게 생활전선에 뛰어들어 양은그릇 장사, 누룩 판매 등 온갖 장사를 해 보았으나 원래 장사체질을 타고나지 못해 돈을 벌 수가 없었다.

그래서 마지막으로 본업인 농사를 짓기 위해 합천 산골로 전 가족을 데리고 들어갔던 것이다. 그런데 강변 하천부지만으로는 매년 홍수 때문에 수입을 올릴 수가 없었다.

울산에서는 막장 같은 인생을 살면서 가장으로서의 마지막 책무를 다하고자 무진장 애를 썼으나 그 좋던 건강도 술과 야간 경비 일을 견뎌내지 못했다. 마지막 돌아가시면서 '대학병원에 가서 내 병명이 무엇인지 알고나 죽자'고 했을 때 어머니는 냉정하게 거절했다고 한다. 작은누나가 벌어온 나의 대학 2학기 등록금을 이미 가망 없는 사람에게 쓸 수 없다는 것이었다.

아버지가 무슨 병으로 돌아가셨는지 가족들은 아직도 그 병명을 모른다. 그러나 어머니는 단정적으로 '너거 아버지는 술병이다'라고 자식들에게 말하곤 했다.

합천에서 집이 불에 타버렸을 때 아버지는 '집에 불이 나면 그 집은 불꽃처럼 일어난다'고 웃으면서 가족을 위로했지만 우리는 그 이후로도 오랫동안 밑바닥에서 허우적거렸다.

아버지를 남지 공동묘지에 안장하고 삼우제를 지낸 뒤 돌아오던 날, 일곱 색 무지개가 들판에 걸린 것을 보고 가족 모두 환호하면서 아버지의 극락왕생을 기원했었다.

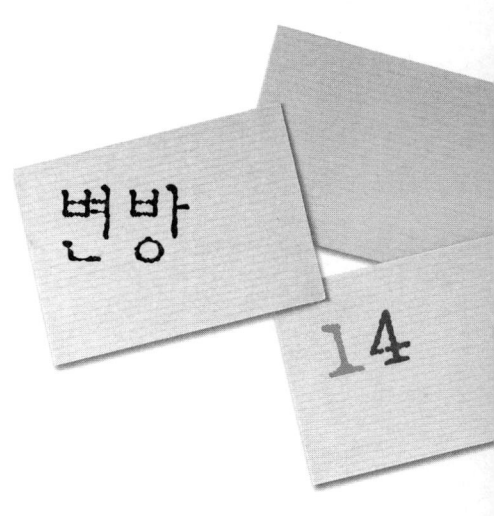

변방

14

10월이 되자 교내는 술렁이기 시작했다.

유신 반대가 노골적으로 드러나기 시작했고 그해 중간고사는 결국 엉망이 되었다. 나는 공부에만 몰두하려고 했으나 열혈 청년이었던 친구의 요청으로 총단의 지하 유인물 작성을 돕게 되었다.

나는 글재주가 있다는 이유로 총단에서 주는 거사자금으로 가리방과 종이 뭉치를 가방에 싸들고 친구와 함께 신촌 여관에 숨어 유신 철폐 유인물을 작성하였다.

밤새 작성한 유인물을 가리방으로 긁어 4천여 장의 격문을 만든 후 친구가 시키는 대로 그 이튿날 아침 일곱 시에 청계천 7가 삼호호텔 앞에서 파란색 점퍼를 입은 학생에게 넘겨주었다.

그 당시 고대는 유인물이 돌아야 학생들이 모였다. 하숙집으로 돌아와 잠을 자고 있는데, 후배들이 점심 먹으러 들어와 내가 만든 격문을 보여주면서 4천여 명의 학생이 대강당에 모여 데모를 한다고 했다.

오후에 학교로 가 보니 정외과 박계동이 나와 선동 연설을 하고 있었고, 학생 모두가 흥분하여 교문 밖 진출을 외치고 있었다.

페퍼포그 차는 이미 교문 앞에서 대기 중이었다. 학교는 투석과 최루가스가 난무하면서 아수라장으로 변했다.

그 뒤 두 차례 더 총단 비선조직에서 유인물 작성을 요청해 왔을 때 나는 이를 거절하지 못했다. 같은 글씨체가 반복이 되자 그 당시 중앙정보부 6국에서 조사에 들어가 붙잡히고 말았다.

붙잡힌 계기는 동아일보 광고사태 사건 때문이었다.

그해 12월 30일, 도서관에서 공부를 하고 있는데 그 열혈 청년 친구가 다시 와서 동아일보 성금을 모금하자고 제의했다.

친구와 나는 중앙도서관을 돌면서 내가 매직으로 쓴 격려문을 붙여놓고 3만 원가량을 모금했다. 그리고 동아일보사를 방문, 송건호 편집

국장에게 모금액과 격문을 함께 전달하면서 자유 언론을 위해 투쟁해 달라고 했다.

이 기사는 그해 12월 31일자 동아일보 사회면에 〈익명의 고대생들 동아일보 격려 성금〉이라는 제목으로 나갔고, 이 사이드 톱기사는 그 유명한 백지 격려 광고 사건을 야기시킨 역사적 사건이 되었다.

그런데 나는 그 격문의 글씨체와 지하 유인물의 글씨체가 같은 것이 들통이 나서 중앙정보부 6국 학원종교국 요원에게 붙잡혀 8시간 동안 조사를 받고 각서를 쓴 다음 풀려났다.

그 당시 중앙정보부에서는 나머지 세 명을 밝히라고 종용했으나 나는 그 사람들은 잘못이 없다고 끝까지 우기며 거명하지 않았다. 그때 총단회장은 통계과 이윤세였는데 나는 그 이후 지금까지 그 친구에게 누구의 부탁을 받고 나를 끌어들였는지 묻지 않았다.

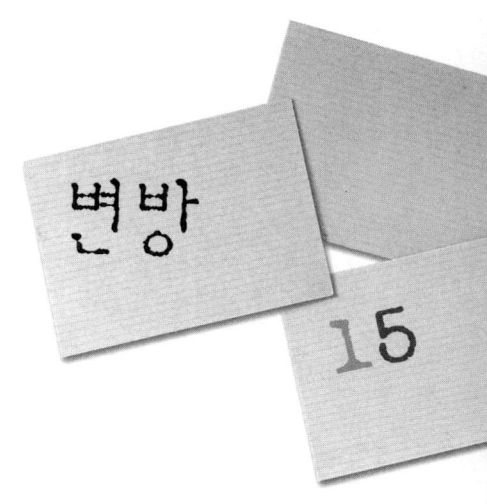

변방

15

*1975*년 봄이 되자 학교는 더욱더 술렁이게 되었다.

개강하자마자 데모 열풍은 한층 거세어졌고 학교 수업은 개점 휴업 상태였다. 데모는 4월 초에 이르러 극에 달했고 유신 정권은 고대에 대해 긴급조치권을 발동했다.

긴급조치 7호가 발동되던 날, 나는 고대 정문 앞에서 닭장차에 실려 성북서로 끌려갔다. 그러나 그날 밤샘 조사에서 하숙집 아줌마의 재치로 성북서에서 풀려날 수 있었다.

풀려나서 바로 그 친구와 함께 대구 근교 도덕암으로 숨어 버렸다.

그리고 우리는 도덕암에서 세월만 죽이는 건달이 되어 버렸다. 53일 만에 학교에 가니 법학과 김연신 군과 행정학과 김상문 군이 데모에 책임을 지고 제적되어 입대 절차를 밟고 있었다. 나는 그들에게 한없이 미안했다.

그해 가을, 데모는 더욱 격화되어 학교가 한층 소란스러웠고 나는 고시를 핑계 삼아 학교에 나가지 않고 하숙집에서 밤낮으로 공부에만 매달리게 되었다.

이듬해 사법시험 1차에 합격하고 2차에는 낙방을 하면서 그 후 6년 동안 사법시험의 인질이 되고 말았다. 고시공부만 열중하던 중 1976년 4월 우연히 학교 앞 국민은행 안암동 지점에 돈을 찾으러 갔다가 창구에서 달덩이 같은 사람을 발견하였다.

매일 그 사람을 보기 위하여 점심 먹고 학교에 올라가는 길에 은행에 들러 2~3천 원씩 찾았다.

그런데 5월 어느 날 갑자기 그 사람이 보이지 않았다. 몇 번 가 봐도 그 사람은 은행에 나타나지 않았다.

'에이, 딴 데로 전근 갔나 보다.'

이렇게 생각하고 포기했는데 그해 10월 말 사법시험 일정이 석 달 뒤로 연기된다는 발표가 있던 날, 친구들과 놀러 가기 위해 돈을 찾으러 은행에 들를 일이 있었다. 그때 환하게 미소 짓는 창구의 그 사람, 훗날 내 아내를 다시 보게 되었다. 🌸

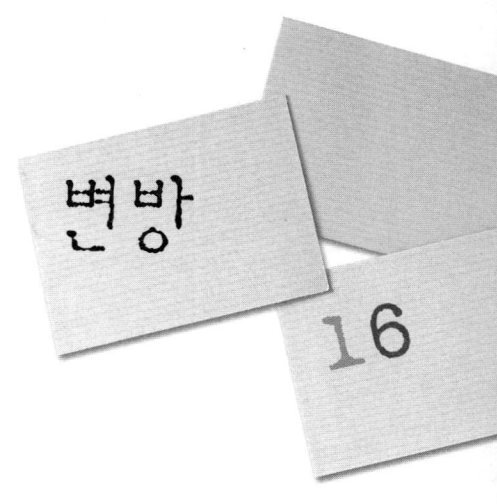

그날은 토요일 오전이었다.

도서관에 올라갔어도 공부가 되지 않았다. 장난꾸러기인 내 친구들에게 그 사람 이야기를 하니 이놈들의 장난기가 발동했다. 국민은행에 찾아가서 법대 선배에게 부탁해 퇴근 후 그 사람을 취원 다방으로 좀 나오라고 했다는 것이다.

그들은 내가 말한 인상착의로만 정확하게 그 사람을 찍어 맞춘 다음 점심식사 후 도서관으로 올라가면서 나를 취원 다방으로 밀어넣고

가 버렸다.

취원 다방에 올라가 보니 선배와 그 사람이 자리하고 있었다.

아마도 선배가 나에 대한 이미지를 좋게 심어 주었는지 그 사람은 시종일관 내게 호의적이었다.

우리 두 사람은 버스를 타고 스카라 극장으로 가서 찰스 브론슨이 주연한 〈추방객〉을 보고 파고다 아케이드에 있던 신창라사로 갔다. 거기서 그 사람의 은행 유니폼을 찾아 다시 고대 앞으로 돌아왔다.

고대 앞 라면 집에서 나는 그 사람에게 프러포즈를 했다.

"나는 돈도 없고 군대도 갔다 오지 않았지만 네가 좋다. 혹시 내가 좋거든 다음 주 수요일까지 중앙도서관 4층 법대도서관으로 온나."

그날은 참으로 기분이 좋았다. 그러나 나는 그 사람이 나를 다시 찾아올 것이라고는 기대하지 않았다. 스스로 내 처지를 잘 알기 때문이었다.

월요일, 저녁식사를 하고 도서관에 올라가니 후배가,
"형, 어떤 여자가 찾아왔어."
라고 전해 주었다. 나는 그 사람을 까맣게 잊고 있었다.
수요일만 생각했는데 월요일 저녁에 찾아온 것이었다.
그 사람은 빨간 코트를 입고 중앙도서관 앞 벤치에 앉아 있었다.
순간 반가운 마음이 들었다. 그런데 겨우 한다는 말이 '수요일까지 오라고 했는데 오늘 왔네'였다. 그 사람은 '오늘 오면 안 됩니까?' 라고 되물었다.

이렇게 해서 우리 두 사람의 연애는 시작되었지만 고시생의 연애는 고달프기 그지없었다. 고작 논다는 것이 영화 관람이고 시간 때문에 야외에 놀러 나간다는 것은 생각하기가 어려웠다.

그 당시 우리는 주말마다 극장에 갔다.
연애 탓에 공부에 집중하기가 어려웠다.
그 사람은 매월 월급날 주말에는 고속버스를 타고 혼자 울산에 살고 계시는 어머니를 나 대신 찾아가 주었다. 나는 항상 그 마음을 고마워했다. 울산에 가 보면 우리가 월세방에 사는 매우 가난한 집안인 것을 알 수 있음에도 그 사람은 나를 변함없이 대해 주었다.
나중에 왜 그랬냐고 물었다. 그러자 그 사람은 사람을 좋아하는데 무슨 이유가 있냐고 되물어 당황한 적이 있었다.

모든 사람들이 이해타산을 가지고 대할 때 그 사람은 가난하고 희망 없던 나를 이해해 주고 따라 주었다.

변방 17

졸업을 앞둔 1977년 8월 나는 어머니를 따라 아버지 산소에 가면서 창원에 있다는 혼점을 하는 용한 맹인 아줌마를 찾아갔다.

점이라는 것은 믿지도 않고 해 보지도 않았지만 어머니의 성화에 못 이겨 가족 모두 혼점을 하는 데 따라갔다. 아버지 기일과 산소 위치만 가르쳐 준 후 한 시간가량 지났는데, 맹인 아줌마가 모두 오라고 하더니 소주와 북어포를 사오라고 했다.

아버지가 생전에 좋아하시던 소주와 북어포를 건네자 소주를 마시면서 맹인 아줌마가 말을 하기 시작했다.

맨 처음에는 자식들 이름을 차례차례 불렀다. 그리고는 이런 말들을 늘어놓았다.

나는 하늘나라에서 잘 지내고 있다.
너희 엄마는 20년 후 데리러 올 것이다.
내 산소 뒤 봉분이 무너졌는데 손대지 마라.
장지는 좋으니 나중에라도 이장하지 마라.
애 시험은 5년 더 고생해야 될 것이다.

두 시간가량 말을 한 뒤 영매는 무학소주 1.8리터 한 병을 다 비우고 혼점을 끝냈다. 놀라운 것은 소주 1.8리터 한 병을 다 마시고도 영매는 전혀 술 취한 사람 같지 않았다는 것이다.
영매의 말대로 산소 봉분은 무너져 있었고, 나는 그 후 5년 동안 고생한 후에 사법시험에 합격했으며 어머니는 20년 후에 돌아가셨다.
불가사의했던 그 일은 세월이 지난 후 거짓말같이 들어맞았던 것이다.

어머니는 돌아가시던 해에 작은누나에게 올해는 저승으로 간다고 하시면서 수의를 준비하라는 말씀을 하셨다고 한다.

또 내가 시험에 낙방할 때도 실망하지 않고 기다리면 된다는 이야기도 함께 하셨다고 한다.

어머니가 영매를 믿으셨는지 돌아가신 아버지를 믿으셨는지 아직도 나는 그것을 모른다. 그렇지만 어머니는 그렇게 체념 속에서 살다가 바람처럼 가셨다.

내 어머니에게 아버지는 작은 우주(宇宙)였다.

1980년 4월 낙방한 후 방위 소집에 응했다.

그 당시 내 체중은 48킬로그램이었고 시력과 피부병력이 겹쳐 4급 판정을 받고 방위 소집에 응해 14개월간 군부대에서 근무했다.

그 이듬해 6월 소집 해제되어 사법시험을 포기하고 연합철강에 취직을 했다. 더 이상 사법시험을 계속할 명분도 없고 자신도 없었다. 나하고는 인연이 없는 것이라고 생각했다.

그해 연말까지 연합철강에 근무하기는 했으나 마음은 사법시험에 대한 미련으로 가득 차 있었다.

　1982년 1월이 되자 또 고시병이 도져 마지막으로 사법시험을 보기로 결정했다. 그리고 회사를 퇴직하고 고대 앞에 하숙집을 정한 다음 현역에서 제대한 친구와 함께 시험공부를 다시 시작했다.
　그해 7월에 치른 악몽 같던 마지막 시험에서 나는 말석이라도 붙기를 기원하면서 겸손하게 답안지를 써 내려갔다. 그리고 모든 것은 이제 하늘의 뜻이라고, 조용히 결과를 기다리는 일만이 남았다고 생각했다.
　수석을 하겠다고 덤빌 때 늘 실패했기 때문에 마지막 시험에서는 가능한 한 겸손해지도록 노력했다.

　시험이 끝나자 나는 도저히 합격이 어려울 것 같아 고려화학에 입사원서를 냈다. 그러나 면접관은 내가 사법시험을 다시 볼 것이라고 판단해 입사를 허락하지 않았다. 탈락의 고배를 마시고 한라자원에 다시 응시하여 파푸아뉴기니에 가겠다는 약속을 하고 합격했다.
　한라자원 출근일은 9월 3일이었는데 사법시험 발표는 9월 2일이었다. 9월 2일 아침, 집을 나서면서 '오늘 떨어지면 나는 한국을 떠나 파푸아뉴기니로 가겠다' 고 결심했다.
　그리고 세상을 잊은 채 정글생활을 할 것이라고 다짐했다.

전철을 타고 인천 월미도 선착장에 가서 깡소주를 마시며 시간을 보냈다. 서해바다를 보니 만감이 교차됐다.

'지루한 고시의 덫도 이젠 어떤 방식으로든 끝이 난다. 이젠 새로운 생활을 시작해야 한다.'

오후 3시쯤 되어서 전철을 타고 신설동역으로 와서 학교에 전화를 걸어 합격 여부를 알아보았다.
6년 만에 들어보는 반가운 소리! 아, 나는 이제 내 가족을 굶길 걱정은 없게 되었다! 안도감을 느끼며 학교에 가 보니 친구와 함께 합격했다는 기쁜 소식이 겹쳐 있었다.

종신 직업을 얻은 것이다.

범죄와의 전쟁을 치르고 있었지만 그 당시 광주는 여전히 토착 조직 폭력배들의 세상이었다. 검찰, 경찰, 안기부, 보안대는 여전히 조직 폭력 두목급들을 비호하고 있었고 두목급들은 모두 건설업자와 다른 사업가들로 위장하고 있었다. 그들은 이미 손댈 수 없는 어엿한 사업가들이었다.

정의를 위한 열정으로

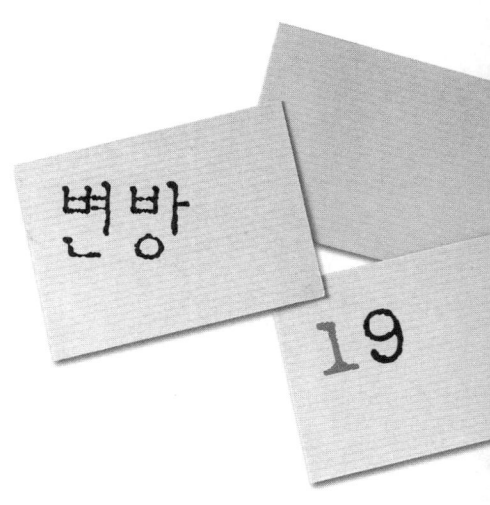

변방 19

사법시험에 합격한 그해 12월 23일, 우리는 공평동 고대 교우회관에서 42만 원을 들여 결혼식을 올렸다.

우리는 1976년 10월에 만나 6년 동안 연애한 끝에 주고받는 것 없이 맨손으로 결혼식을 올리고 봉천7동 지하 단칸방에서 신혼생활을 시작했다.

지하방 신혼생활 당시 우리를 가장 힘들게 했던 것은 연탄가스였다. 기압이 낮을 때는 연탄가스가 밖으로 빠져나가지 않고 방안으로 스

며드는 바람에 겨울에도 흐릴 때는 연탄을 때지 못하는 일이 허다했다.
그래도 우리는 참 좋았던 시절로 기억한다.
돈은 없어도 마음만은 부자였던 그런 행복한 시절이었다.

연수원 월급으로는 생활이 어려워 선배의 변호사 사무실에서 아르바이트를 하면서 그럭저럭 연수원을 수료했다. 그리고 울산에서 변호사 사무실을 개업하기 위하여 사무실 임차료와 개업 준비자금을 알아보니 2억 원가량 필요하다는 말을 들었지만 그 돈을 마련할 길이 없었다. 그 길로 검사를 지망하여 청주지방검찰청으로 부임하게 됐다.

검사가 되던 날, 나는 세상을 다 얻은 것처럼 기뻤다.
억강부약(抑强扶弱)의 정신으로 세상을 평정해 보겠다고 호기롭게 출발한 검사의 길은 막상 시작해 보니 내부 제약이 너무나도 많았다.
부장, 차장, 검사장의 결재 과정에서 내 소신과 다른 결정을 해야 하는 경우가 종종 생겼던 것이다.

수사 이론에서 밀리고 세상 경험에서 밀리고 상부 청탁에서 밀리다 보니 이거 뭐 검사도 제 맘대로 못하는 경우가 다반사였다. 그때부터 나는 최소한 수사 이론에서는 밀리지 않아야겠다는 생각을 갖고 당시 검찰사전이라고 불리는 정 차장님의 메모를 구해 집중적으로 여름까지 공부했다.

그때 공부한 수사 실무 이론은 그 후 내가 검사를 그만두는 날까지 상관의 부당한 지시를 거부하는 데 큰 힘이 되었다.

세상에 무서울 것이 없던 그 시절, 나는 법무부 장관의 사돈도 간부들의 반대를 물리치고 구속해 버리는 만용(?)도 저질렀고 현직 도지사의 비리를 내사하는 용기도 내보였다.

보안대의 위용이 하늘을 찌르던 그 시절 보안대 간부를 내사해 인사 조치도 취했었고 안기부 간부의 비리도 조사하는 바람에 정보기관에서는 나를 통제불능 검사로 취급하기 시작했다.

내가 소신을 세워가는 검사로 자리 잡은 시점이 바로 그때 초임검사 시절이었다. 이때 형성된 내 이미지로 그후 검사생활 내내 편할 때도 있었지만 불이익을 받을 때도 많았다. 편한 점은 상관으로부터 부당한 간섭을 받지 않아도 된다는 것이었지만 인사 때는 늘 소외되었다.

검사시절 수사일지의 제목이 된 〈홍 검사, 당신 지금 실수하는 거요〉는 이때 법무부 장관의 사돈을 구속집행할 때 그가 구속되면서 내뱉은 말이다.

 그 후 나는 10여 년간 그 사람 말대로 계속 실수를 하는 통제불능 검사가 된다. 🌼

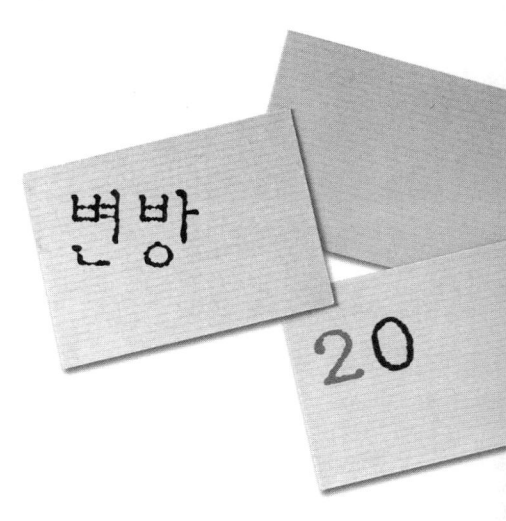

변방

20

울산 지청으로 자원을 하여 가던 그달에 6·29 선언이 있었다.

세상은 변하고 달라지고 있었다. 폭압적이던 5공 시대는 서서히 막을 내리기 시작했다. 그러나 새롭게 달아오르는 노동 운동은 격정의 시대를 예고하였다. 그것은 바로 현대중공업에서 시작되었다.

이형건 쌍둥이 형제의 주동으로 시작된 현중 사태는 6·29 선언 이후 사실상 한국 노동 운동의 기폭제가 된 엄청난 사건이었다.

현중 사태가 폭동 수준으로 변질되고 울산 시내는 치안 부재 상태에까지 이르게 됐다.

　검찰이 주동자 전원을 구속수사하게 되었는데 그 당시 울산지청에는 공안 검사가 한 명뿐이었기 때문에 나머지 5명의 검사를 모두 동원하여 현중 사건을 수사했다. 37명이 구속된 대형 사건에서 나에게 배당된 사람은 노조 부위원장인 남모씨였다.

　나는 남씨를 수사하면서 상부에 사후 수습을 위해 부위원장 한 명만 기소유예를 하자고 건의했다. 그러나 대검찰청 공안부에서는 전원 구속기소하라는 지시를 내렸다. 공안 사건은 일관성을 유지해야 한다는 것이 주된 이유였으나, 나는 이에 승복하지 않고 지청장과 상의하여 남씨를 기소유예해 버렸다.

　대검 공안부 간부로부터 입에 담지 못할 욕을 들어가면서 기소유예한 남씨를 중심으로 그 뒤 현중 사태는 수습되었다. 그러나 나는 이번에는 공안 부적격자라는 딱지를 붙이게 된 채 처음 해본 공안 사건을 마지막으로 검사생활 내내 공안 사건을 담당하지 못했다.

　8월 말에 가서는 송치 사건을 수사하다가 대통령 큰누이의 변호사법 위반 사건을 인지 수사했다. 하지만 주범인 대통령 큰누이는 상관의 반대로 체포하지도 못하고 수사를 종결해야 하는 아픔도 있었다.

그해 가을부터 불기 시작한 1노 3김의 대선 열풍은 울산에서도 불었고 우리 집에도 영향을 끼쳤다.
 나는 김영삼 후보가 정직해 보이니 그를 찍자고 했고 아내는 김대중 후보가 고생도 많이 했으니 대통령을 잘할 것이라며 그를 찍자고 했다. 집안에서도 영호남이 갈린 것이다.

경남 출신인 나는 대구에서 주로 살았고 아내는 전북 부안 출신이다 보니 자연히 선거를 앞두고 영호남으로 갈린 것이다.

처음에는 농담으로 출발했는데 시간이 갈수록 이성적 토론이 아닌 적대적 감정이 섞인 논란으로 변질되어 급기야는 대선 논쟁을 하다가 헤어지자는 말까지 나오게 되었다. 결국 선거 하루 전날 밤에 극적으로 화해를 했다. 부부는 일심동체인데 따로 찍을 수는 없고 한 사람을 찍되 김영삼, 김대중도 아닌 그 당시 교주로 출마했던 신정일 후보를 찍기로 합의를 보았다.

그때 겪었던 홍역으로 1992년 12월 대선에서는 우리는 일체 집에서는 대선에 관련된 이야기는 하지 않고 투표장에 가서 각자가 지지하는 후보를 찍었다.

아내는 내가 정치를 시작하고 난 뒤부터는 신한국당, 한나라당의 열렬한 지지자가 되었다.

1988년 8월 말, 인사에서 나는 영등포에 있는 남부지청으로 자리를 옮겼다. 그리고 그곳에서 불과 4년차 검사가 감당하기에는 벅찬 사건을 담당하게 되었다.

남부지청 특수부에 배속되자마자 나는 우연히 한 사건을 접하면서 변호사법을 위반한 전 대통령의 생질을 전격적으로 구속하는 일이 벌어졌다.

그 당시 정치권에서는 5공 비리 수사 여부가 최대의 화제였는데 남부지청에서 전 대통령의 친인척 비리 사건이 터진 것이었다.

이 사건을 계기로 나는 지청장으로부터 남부지청에 진정서 형태로 접수된 노량진 수산시장 강탈 사건을 배당받게 되었다.

대검과 서울지검에서 사건이 될 만한 건은 모두 자기들이 차지하고 청와대 민정수석실에서 두 번이나 스크린해 봐도 별 이상이 없었다는 노량진 수산시장 경영권 교체 사건만 남부지청 관할이라고 해서 이첩된 것이었다.

그 사건을 배당받고 서류를 읽어 보니 전 대통령의 형이 관련되었다는 막연한 추측만 있을 뿐 구체적인 증거는 없었다.
바로 피해자와 관련 공무원을 불러 조사에 들어가 보니 수사를 하면 할수록 사건에 대한 의혹이 깊어지고 관련자가 늘어나면서 수사망이 고위직으로 확대되었다.
그 당시 수사는 매일 대검에 일일 보고되었고 사건이 확대일로에 이르게 되자, 대검은 처음에는 수사의 속도 조절을 주문하더니 나중에 가서는 구속하려는 서울시 담당 국장을 불구속하라는 해괴한 지시까지 내렸다.

퇴근했다가 한밤중에 다시 검찰청으로 돌아온 남부지청 간부는 대검 지시라면서 담당 국장의 신병을 풀어주라고 했다.
한참 실랑이를 하다가 간부의 뜻대로 석방을 결정하고 새벽에 집으로 차를 몰고 가려는데, D일보의 L기자가 내 차문을 열면서 덥석 옆에

탔다.

그는 노량진 사건의 내막을 잘 알고 있었다.

그 신문사 사회2부장이 피해자의 친척이어서 노량진 수산시장의 경영권이 강탈당하는 과정과 관련 인물들을 소상히 알고 있었다.

올림픽도로를 타고 개포동 집으로 가는 30여 분 동안 나는 사건의 공개 여부를 고민했다. 그날 새벽까지 나는 그 기자에게 사건의 전모를 알려주고 기술적으로 공개하라고 했다. 어차피 수사하지 못할 바엔 언론의 힘을 빌려 수사를 계속하려고 작정했기 때문에 그런 선택을 할 수밖에 없었다.

그날 오전 11시 30분쯤 되자 청내가 발칵 뒤집혔다.

석간이었던 그 신문의 1면, 3면, 사회면 모두를 노량진 수산시장 사건이 도배한 것이다. 대검에서는 진상조사를 한다고 난리를 치고 있었고 청내에서는 누설자를 찾느라 야단법석이었다.

기사에는 향후 두 달가량 소요될 수사기록이 자세히 보도되었다. 또한 전 대통령 친형, 청와대 민정수석, 서울시장, 현직 고등부장 판사, 감사원 사무총장 등이 연루된 대형 사건임을 알 수 있었다.

다행히 나는 시골에서 올라 온 지 두 달도 안 되어 기자들과 접촉이 없다는 점, 초임 검사나 다름없는 4년차 검사가 이런 간 큰 행동을 할 리 없다는 점 등이 감안되어 발설 의혹 대상에서 빠지고 간부들만 곤욕을 치르고 있었다.

그 신문 보도를 계기로 나는 사실 확인을 해야겠다고 강력하게 주장하여 관철을 시키면서 대검의 수사 방해는 줄어들게 되었다.

수사가 성공해야 한다는 엄청난 중압감에 휴일도 없이 하루 4~5시간만 자는 강행군 끝에 사건의 실체를 밝히는 데 성공했다. 하지만 막바지에 가서는 사건과 수사기록 전부를 대검에 빼앗긴 채 나는 특수부 생활 넉 달 만에 형사부로 쫓겨났다.

노량진 수산시장 강탈 사건은 5공 비리 사건 중에서 가장 성공한 수사였으나 나는 이 사건을 기점으로 공개적으로 통제되지 않는 검사라는 낙인이 찍혀 그 후로 공안부, 특수부 근처에는 가지도 못하는 처지가 되었다.

변방

22

형사부로 이유 없이 쫓겨온 뒤부터 나는 송치 사건 처리와 해원(解冤) 사건 처리에만 골몰했다.

그러던 어느 날, 아주 잘나가는 검사로부터 정덕진이라는 사람에 대해 듣게 되었다. 그 사람은 파친코 업자인데 대한민국에서 현금 동원 실력이 최고이고, 지난 대선 때 노태우 후보의 사조직인 태림회 영등포 지부장을 하면서 대선 자금도 많이 댔다고 했다.

백그라운드도 대단하고 검찰, 경찰, 안기부, 보안사, 권력기관의 지휘부와 교분이 닿지 않는 곳이 없으며, 심지어 청와대도 움직이는 대단

한 사람이라는 것이다.

  그런 이유로 검찰은 단속할 엄두조차 내지 못하고 있으며 파친코 한 업소에서 보통 한 달에 수억 원씩 불법소득을 올린다는 것이었다.

  정덕진의 업소가 바로 우리 관내에 있는 영등포 관광 파친코장이라고 했다. 그 검사는 회식할 때 선배를 따라 한번 가 보니 우리 같은 평검사는 말석에 앉아 그의 얼굴도 볼 수 없다고 했다.

  별 할 일도 없던 차에 정덕진 회장이라는 사람을 내사해 보기로 했다.

  영등포 업장에 가서 실제로 파친코를 해 보기로 하고 10만 원 수표의 넘버를 적어 놓은 다음 게임을 해 보았다.

  법정시상률은 87%로 되어 있으나 실제로는 10%도 되지 않았다. 대신 도박성을 높이고 사행성을 조장하기 위하여 당첨금을 10배가량 상향 조정했을 뿐 대부분 기계는 조작되어 있었다.

  그때부터 나는 3년간 광주에 근무할 때도 정 회장의 업장으로 알려진 곳만 찾아다니며 게임을 하면서 10만 원권 수표 30여 장을 잃어주었다.

  후일 이 수표를 역추적하여 정 회장의 비구좌, 가·차명구좌를 찾아내는 단서로 이용하게 되었다.

이미 남부지청에서 파친코 내사를 시작할 때 대검의 모 간부로부터 내사하지 말라는 전화를 받기도 했지만 나는 개의치 않았다.

3년 후인 1993년 3월 중순까지 나는 시간이 나면 파친코 업소에 들러 업소 운영 현황, 전국적인 상황, 정 회장의 동태, 배후세력이 누구인지 등을 내사했다. 파친코 업계에서는 나중에 수사를 시작할 때 홍 검사가 파친코에서 3억 원을 잃고 분풀이로 수사를 한다는 헛소문을 퍼뜨리기도 했는데, 그 액수는 수사를 목적으로 내가 잃어준 300만 원이 과장된 것이었다.

1991년 3월, 정기 인사에서 나는 별다른 이유 없이 광주로 쫓겨 가게 되었다. 노량진 수산시장 강탈 사건 수사의 여파였다.

사표 내지 말고 광주로 가자는 아내의 말에 따라 억울했지만 광주로 내려가 나는 조직 폭력과의 전쟁을 치르게 된다.

변방

23

광주에서 검사생활을 시작했다.

특수부, 공안부는 안 된다는 상부의 방침대로 나는 형사부로 배속되었으나 바로 강력부로 재배치되었다. 그것은 내 수사 실력을 인정해 준 차장 검사님의 배려였다.

범죄와의 전쟁을 치르고 있었지만 그 당시 광주는 여전히 토착 조직 폭력배들의 세상이었다. 검찰, 경찰, 안기부, 보안대는 여전히 조직 폭력 두목급들을 비호하고 있었고 두목급들은 모두 건설업자와 다른 사업가들로 위장하고 있었다. 그들은 이미 손댈 수 없는 어엿한 사업가들로 행세했다.

강력부에 배치되자마자 제일 먼저 시작한 일이 건설업계 조직 폭력을 척결하는 일이었다. 광주 전남지역 건설업체들은 조직 폭력 간부들을 업무 상무로 고용하여 회칼과 쇠파이프, 야구방망이로 응찰자들을 위협, 담합한 뒤 낙찰을 받아 냈다. 조직 폭력 간부들은 회사로부터 낙찰금의 3~5% 고리를 받아 내는 폭력의 악순환 고리를 끊어 내기 위하여 수사를 시작했다.

두 달 동안 수사가 진행되어 조직 폭력배 32명을 구속하고 나머지 30여 명은 건설업계에서 추방시켰다. 조직 폭력배 자금원 차단과 건설업계 입찰 질서를 바로잡기 위한 이 수사는 대성공을 하여 광주 전남 지역 조직 폭력을 뿌리 뽑는 시발점이 되었다.

이 수사 직후 기자들과 환담을 나누던 중 다음 목표는 이 지역 현역 최고 거물인 Y모씨라고 공개했다.

통상 조직 폭력 수사는 절대 공개하지 않고 은밀히 한다. 그것은 방어할 기회를 주지 않고 전격

적으로 체포하여 증거를 확보하기 위해서이다.

그러나 나는 이러한 수사 상식을 뛰어넘어 공개 수사를 시도했다.

그것은 이미 검찰 내부에도 그의 세력이 숨어 있어 은밀한 수사가 불가능할 바엔 공개하여 압력을 차단하고 비호 세력들에게 공개 경고를 하기 위해서였다.

수사는 시작부터 난항이었다. 광주지검 검찰 내부 간부들은 그의 변론에 나섰고 법무부, 대검 지휘부에서도 그를 비호하고 나섰다. 그러나 나를 믿어 준 검사장님의 도움으로 나는 그 수사를 묵묵히 진행해 나갔다.

5개월간 비방과 모략 끝에 나는 그를 구속하고 법정에 세워 유죄판결을 받게 하였다. 그와의 악연은 그 후 서울지검에 와서도 계속되었고 2001년 10월, 이용호 게이트 사건에서도 계속되었다.

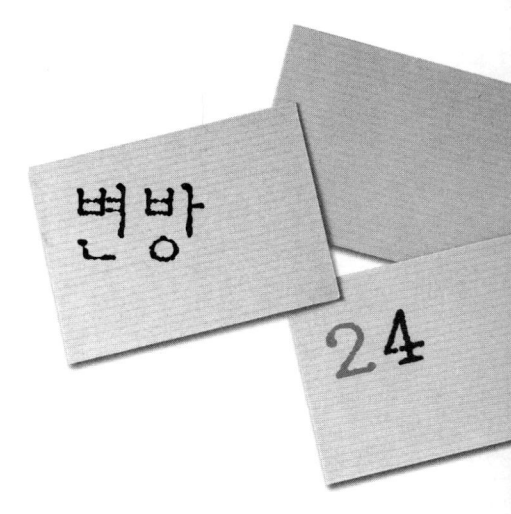

변방 24

광주지검에서 조직 폭력과의 일전을 마친 후 나는 다음 임지로 대구를 원했다. 내가 자란 고향에서 친구들과 재미있게 지내면서 편한 생활을 해 보기 위해서였다.

그러나 검사장께서 '고생한 검사가 좌천되었다는 소리를 들으면 어느 검사가 다음에 일을 하겠냐'면서 서울지검으로 보내주겠다고 했다.

반신반의했지만 나는 검사장의 강력한 천거로 서울지검 강력부로 가게 되었다. 이른바 강력요원으로 차출된 것이다.

1992년 8월 초, 나는 서울지검 강력부로 왔다.

지난 3년 동안 내사해 온 파친코 비리를 수사할 기회를 얻은 것이다.

서울지검으로 온 다음 날부터 나는 다시 정 회장 업장에 드나들면서 자료를 모았다. 그 당시 내가 모시고 있는 서울 지검장을 비롯한 검찰 고위간부들이 정씨 형제의 배후라는 정보가 많이 들어와 극도의 보안을 유지하면서 나는 본격적인 내사에 착수했다.

1992년 12월, 정권이 바뀌고 그 이듬해 3월 17일, 검찰 인사가 발표되어 서울 지검장으로, 강한 소신을 갖고 있는 송 검사장이 부임하였다. 송 검사장은 후배들로부터 존경받는 지휘관이어서 나는 때가 왔다고 생각했다. 강력부장으로는 마약수사로 유명한 합리적이고 유연한 성품의 류 부장이 부임함으로써 금상첨화라는 생각이 들었다.

3월 18일부터는 내사가 아닌 수사를 개시하기 시작했다. 수사를 시작하긴 했지만 첩첩산중이었다. 내외로부터 압력이 본격화되기 시작했고 청와대로부터도 압력이 내려왔다. 압력은 무시할 수 있었지만 내부로부터의 음해는 참기 힘들었다.

4월 7일, 대검에서 전국 강력부장검사 회의가 있던 날, 나는 일방적으로 파친코업계 수사를 발표해 버렸다. 대검으로부터 강한 질책이 있었으나 개의치 않기로 했다.

  그날부터 6월 말까지 두 달 반 동안 부장을 포함한 우리 강력부 검사들은 모두 한마음이 되어 잠도 제대로 자지 못했고 휴일도 없이 수사를 시작했다.
  수사가 진행되면서 음해에도 시달리고 언론으로부터도 시달렸지만 우리는 검찰 내부 고위간부도 성역 없이 수사하는 개가를 올렸다.
  경찰청장, 치안감, 병무청장, 6공 황태자, 고등 검사장 3명 등 40여 명이 연루된 초대형 사건을 대검중수부도 아니고 지검특수부도 아닌 강력부 검사 몇 명이 뭉쳐 성공적으로 마무리한 것이다.

  그러나 그 수사 이후 나는 별종으로 취급받으면서 검찰 내부로부터 철저한 따돌림을 당하게 되었다.

  상부에서 그렇게 하지 말라고 하던 검찰 내부수사를 강행하여 검찰조직에 상처를 주었다는 이유로 시작된 따돌림은 내가 검찰조직을 떠나기 직전까지 계속되었다.
  배당 사건이 주어지지 않아 출근하면 사무실에서 놀기만 하는 신세가 되었고 어쩌다가 사건이 생기면 다른 검사에게 넘겨주어야 했다.

　내가 기소한 사건의 공판에만 전념하라는 명분이었지만 결국 나는 모든 사건으로부터 배제되고 만 것이었다.

　그 이후 나는 일 년 동안 나를 찾아오는 기자들과 내기 바둑만 두며 시간을 보낼 수밖에 없었다.

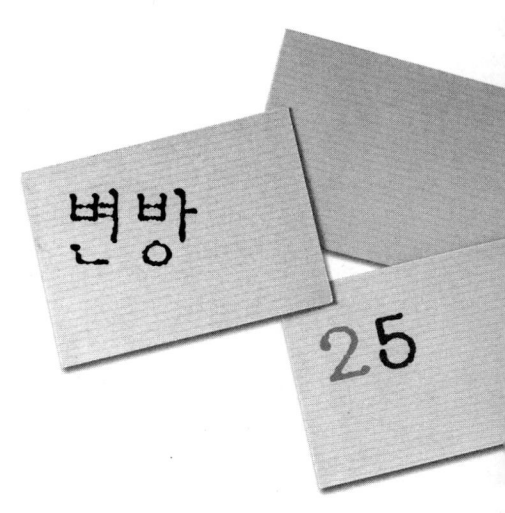

변방 25

*1994*년 10월 26일 성수대교가 무너지던 날, 나는 안기부 파견을 명령받아 안기부 국제 조직 범죄 수사지도관이라는 명목으로 11개월간 근무하게 되었다.

그 당시 러시아 극동 마피아가 침투하여 권총 등 총기류 밀수입이 급증하였고 러시아 매춘 여성들이 활개치던 시기여서 러시아 마피아, 홍콩 트라이어드, 일본 야쿠자 대책이 긴요할 때였다.

국제 조직 범죄와 연계된 국내 조직 폭력을 소탕하기 위해 그 이듬해 4월 초, 안기부 요원들을 데리고 블라디보스토크에서 러시아 FSB와 마피아 대책회의를 가질 때였다. 러시아 측 FSB 극동지역 사령관인 콘트라티프 중장은 나에게 권총을 선물로 주겠다고 했으나 한국에서는 군인, 경찰 이외의 사람은 총기 소지가 불법이라고 말하고 거절한 일도 있었다. 그만큼 당시 러시아에서는 총기 소지가 일상화되어 있었다.

그때 러시아 측 정보기관과 체결한 마피아 대책 매뉴얼은 지금도 국정원에서 그대로 시행되고 있다고 한다.

안기부에서의 11개월은 나의 공직생활 중 가장 편안하고 행복한 시절이었다. 시기하는 사람도 없고 모략하는 사람도 없었으며 업무가 다르다 보니 그들과 경쟁할 이유도 없었다.

그 이듬해 9월 초순 검찰 인사 때 나는 권영해 부장님과 검찰 총장님에게 검찰로 복귀하겠다고 말씀드렸다. 총장님은 서울지검으로 복귀는 안 되고 수사부서도 안 되므로 고검 직무대리로 가 있으라고 했다.

결국 수사권은 줄 수 없다는 것이었다.

나는 그것을 부당하게 생각하여 서울지검 근무연한이 6개월 남았으니 이 기간만이라도 서울지검에 있겠다고 말씀드리자 그것도 안 된다는 것이었다. 결국 인사 발표에 따라 법무부 특수법령과로 발령이 나고 나는 독일어 알파벳도 모르면서 통일 독일법을 연구하는 특수법령과로 가게 되었다.

이것은 '네가 알아서 이젠 나가라'는 소리다. 수사권도 없는 부서에 가서 초급 독일어나 공부하라는 상부의 결정은 이젠 더 이상 검찰은 '당신이 필요 없다'는 것이다.
나중에 간부가 되어 본들 똑같은 대접을 받을 수밖에 없는 이 처지를 수용하고 계속 검사를 해야 하는지 나는 고민하기 시작했다. 결국 법무부 인사신고 첫 날 나는 사표를 냈다.
평생 검사만 하려던 내 생각이, 검찰 내부 고위인사를 수사하여 검찰조직의 명예를 실추시켰다는 이유로 검찰조직으로부터 따돌림을 받고 좌절된 것이다.

'나는 더 이상 검찰에 남아 할 일이 없다. 할 일이 없는 조직에 남아 비루하게 구걸하면서 검사를 하기는 싫다.'

그래서 나는 1995년 10월 5일, 그토록 갈망했던 검사직을 스스로 버렸다. 잘못도 없으면서 열심히 일만 한 죄로 쫓겨나는 것을 본 아내는 며칠 동안 서럽게 울었지만 우리를 봐줄 사람은 아무도 없었다.

검사생활 11년에 남은 것은 모래시계 드라마 한 편뿐이었다.

국민학교, 중·고등학교, 대학교 시절에 나는 늘 이렇게 변방에 있었다.
검사가 되면서 중심부로 왔다고 생각했으나 그것은 착각이었다.
검사를 그만두면서 지난 세월을 돌아보니 나는 검사 때도 늘 변방에 있었던 것이다.

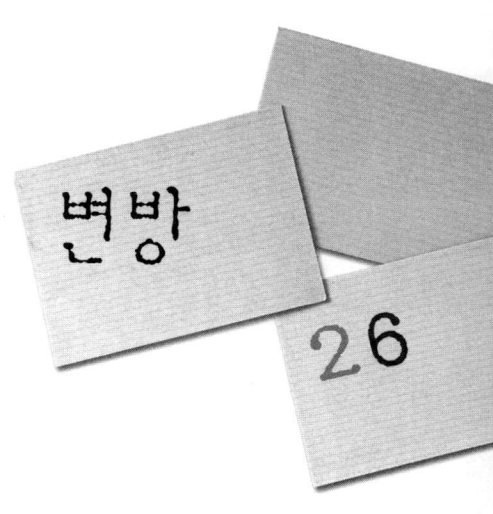

변방

드라마 〈모래시계〉는 나에게는 멍에와 같다.

이 드라마로 유명해지긴 했지만 나는 나머지 세월도 이 드라마의 틀 속에서 주인공 캐릭터에 맞추어 살아가야 하는 부담을 안고 있었기 때문에 나로서는 멍에라고밖에 생각되지 않는다.

그렇지만 불편해도 그렇게 사는 것이 맞다면 나는 그 캐릭터에 맞추어 살아갈 수밖에 없다.

드라마 〈모래시계〉는 슬롯머신 사건이 끝난 1993년 8월경 김 피디

와 송 작가가 검사실로 찾아와 이를 드라마화하겠다고 하면서 협조를 구하는 것으로 시작되었다.

처음에는 나는 협조하기 어렵다고 반대했다.
검찰 선배들을 부정한 사람으로 조사해 검찰조직에 상처를 주어 검찰 내부의 미움을 사고 있는 당시로서는, 나만 정의로운 검사가 된다면 검찰 조직으로부터 영원히 미움을 받아 검사를 계속할 수 없는 결과를 초래하기 때문이었다.

그러나 그들은 드라마화를 포기하지 않고 검찰 고위층을 설득해나갔고, 결국 나는 검찰 고위층으로부터 드라마에 협조하라는 지시를 받았다.
고위층으로부터 지시를 받은 나는 그들에게 내가 수사했던 사건의 비화와 나의 어렸을 적 이야기를 들려주고 질문에 숨김없이 대답해 주었다. 실화를 소재로 한 드라마는 언제나 픽션과 논픽션이 섞여 있게 마련이다. 〈모래시계〉 드라마도 마찬가지이다. 그러나 나는 이 드라마로 인해 종종 오해를 받는 부분이 있다.

나는 방위병 출신인데 공수부대원으로 나온다든지 아내는 은행원 출

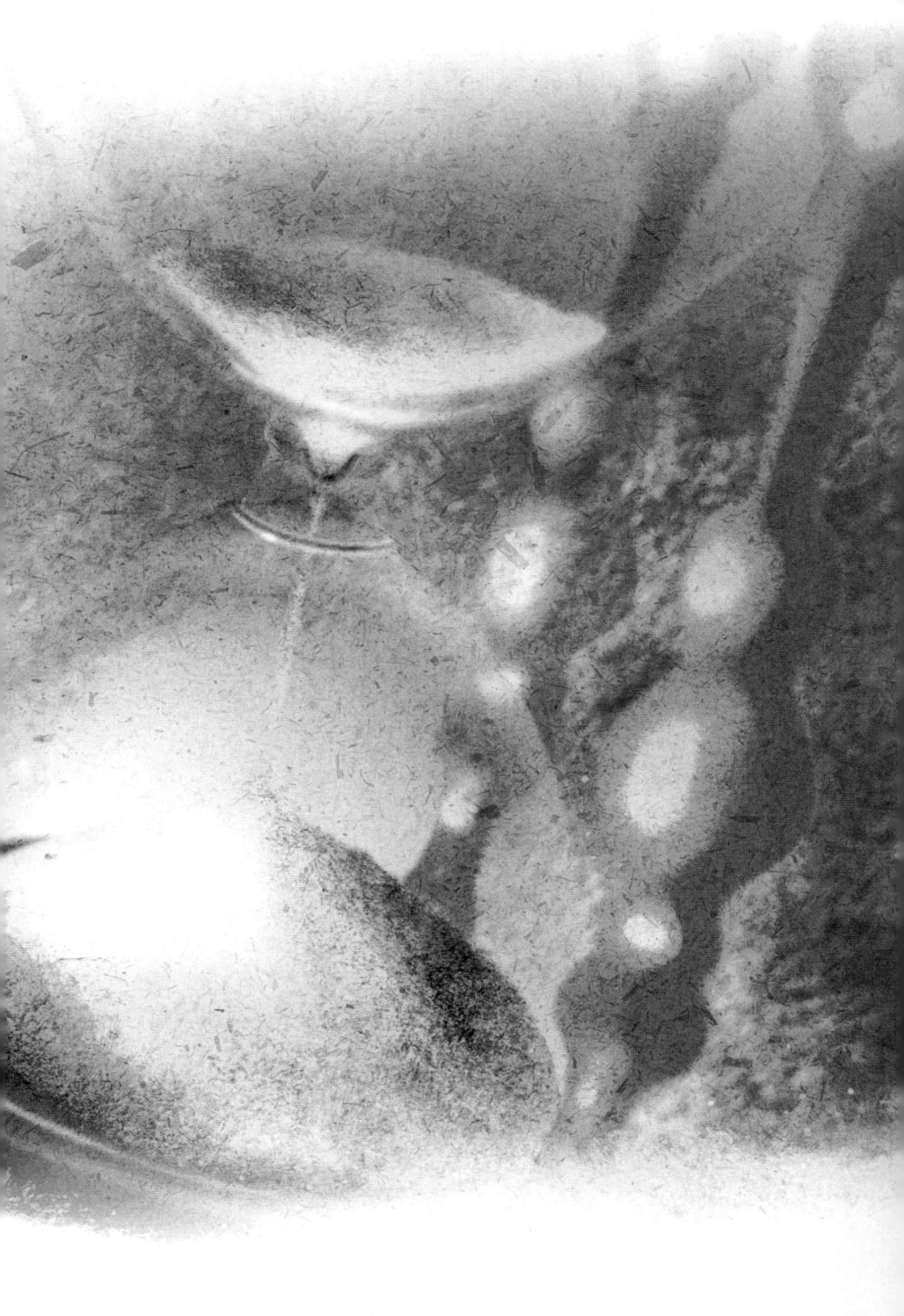

신인데 하숙집 딸로 나온다든지 내 친구 중에 조직 폭력배가 없는데도 있다든지 내가 아내와 만나기 전에 윤혜린 같은 애인이 없었는데도 극 중에는 있는 것으로 나온다든지 하는 극적 요소를 가미한 부분까지 사실로 믿어 버려 당혹할 때가 한두 번이 아니었다.

〈모래시계〉 드라마는 어찌 되었든 간에 나를 유명한 검사로 만들어 주었다. 그러나 그것이 나로 하여금 검사를 그만두게 하는 계기가 되었는지도 모른다.

수사 검사를 더 이상 못한다는 절망감도 있었지만 이제 나에 대한 국민의 기대치가 너무 높아져 아무리 수사를 잘해도 그 기대치를 충족시킬 자신이 없었다는 것도 검사를 사직할 수밖에 없었던 요인 중의 하나가 되었다.

검사를 그만두고 나는 아내와 단둘이 제주도 여행을 갔다. 영실을 통해 한라산에 올라가 보기도 했고 협제굴, 산방산도 구경하였다.

그러나 허허로운 마음은 채워지지 않았다.

검사를 그만두고도 왜 그만두어야 했는지 억울했고, 앞으로 변호사를 해야 하는데 처단자의 입장에 섰던 내가 돈을 받고 범죄자를 변호해야 한다는 것도 마뜩잖았다.

한 달가량 변호사를 개업하지 않고 허송세월을 보내다가 1995년 11월 초에 후배 변호사 사무실의 반쪽을 얻어 변호사 생활을 시작했다.

자식이 검사를 왜 그만두었는지 묻지도 않으셨고 왜 국회의원이 되려는지 알려고 하지도 않으셨다. 다만 '내 아들이 결정한 것은 모두 맞는 일'이라고 늘 말씀하시면서 '네가 하는 일은 틀린 일이 없다'고 맹목적으로 아들만 믿어 주던 내 어머니는 그렇게 하늘나라로 가셨다.

3

당파를 위한 열정으로

변방 27

변호사를 시작하자 제일 먼저 찾아온 것은 의뢰인이 아닌 협박전화였다.

아내를 납치한다. 애들을 납치한다. 너를 죽인다….

내가 수사했던 조직 폭력배들의 이런 종류의 협박은 검사 때도 있었던 일이지만 검사는 공권력이 뒷받침되는 직업이기 때문에 대수롭지 않게 넘어갈 수 있었다. 그러나 변호사는 다르다. 나를 방어할 아무런 공권력이 없었다.

한밤중에 집으로 걸려 오기도 하고 변호사 사무실에도 끊임없이 걸려 오는 협박전화를 받고 나는 제도권으로 다시 들어갈 수밖에 없다고 생각했다. 가족과 나를 지키기 위하여 제도권으로 들어갈 수밖에 없다고 생각한 것이다. 검찰로는 돌아갈 길이 없고 할 수 없이 정치권으로 들어가기로 결심했다.

검찰과의 불화로 변호사를 시작했다는 소문이 퍼져 사건 수임도 되지 않았다. 정치권으로 들어가기로 마음먹자 더 불안해지기 시작했다.
혼탁한 정치판에서 내가 견딜 수 있을까. 선악을 구별 짓기만 하는 검사 생활에 익숙한 내가 선악이 공존하는 정치판에서 과연 살아남을 수 있을까.

이러한 의문들을 가슴에 품고 나는 정치판에 들어가기 위해 여야 지도자들과 만나기 시작했다. 그 당시는 〈모래시계〉 드라마 덕분에 오히려 지금보다 대중적인 인기가 더 많았다. 민주당의 이 총재를 만나 내가 사는 강남의 공천을 원했으나 도통 답변이 돌아오지를 않았다. 그 당시 민주당은 통추와 갈라져 있어 당내 사정이 복잡할 때여서 그런지 이 총재께서는 선뜻 내락을 해 주지 않았다.

새정치국민회의의 김대중 총재 측에서는 사람을 수차례 보내 일산 자택으로 오라고 했으나 가지 않았다. 정계 은퇴 약속을 번복했다는 이유로 나는 그 당에는 갈 수 없다고 했다.

그러던 중 김영삼 대통령 측에서 문민정부의 사정검사가 야당에 갈 수 있느냐면서 그 당으로 오라고 하기에 애초에 갈려고 했던 민주당에서는 반응도 없고 해서 덜컥 약속을 해 버렸다.

1996년 1월 26일 아침 10시에 입당하기로 하고 그 전날 집으로 평소 친하게 지내던 동아일보 기자 네 명을 초청해 정치권 진입에 대한 의견을 물어보기로 했다.

동아일보 기자들은 양 기자를 빼놓고는 모두 부정적이었다. 정치는 적합하지도 않을뿐더러 정치권에 가면 망가진다는 것이었다.

내 사정이 이래서 선택의 여지가 없다고 해도 안 된다는 것이었다.

그러던 중 밤 11시쯤 되어서 꼬마 민주당 통추스타 정치인들이 느닷없이 우리 집에 찾아왔다. 이철, 유인태, 제정구, 노무현, 김홍신 등 민주당 전, 현직의원이 9명이나 집으로 찾아와 민주당으로 오라고 했다. 노무현 전 의원은 30분간 훈계한 뒤 가 버리고 제정구 의원과 나머지 분들은 새벽 2시 반까지 나를 설득도 하고 질책도 하다가 갔다.

마음이 흔들렸지만 이미 입당 약속을 해 버린 걸 어떡하나.

그렇게 해서 나는 민자당에 입당하게 되었다. 1996년 1월 26일, 입당하고 보름 후 민자당은 신한국당으로 당명이 바뀌게 된다.

나의 정치 입문은 국가와 민족을 위한다는 거창한 명분보다는 내 가족 보호라는 지극히 단순한 차원에서 출발하였다.

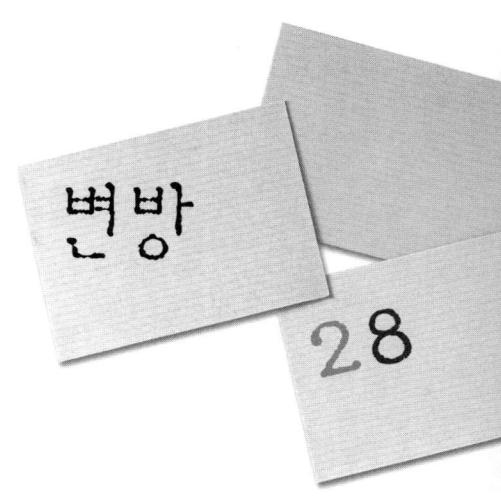

변방 28

나는 지역구를 내가 사는 개포동이 속하는 강남을로 정해 줬으면 했는데, 당에서는 여당이 지난 12년간 이겨 본 일이 없던 송파갑으로 가라고 했다. 잠실 서민 아파트가 대부분인 송파갑은 그 당시만 해도 민주당세가 강한 지역이었다.

선거를 37일 앞둔 시점에 송파갑으로 간 나는 지역구 관리를 어떻게 하는지 선거를 어떻게 치르는지도 모른 채 밤에는 유세차에 〈모래시계〉 드라마만 틀어 놓고 잠만 잤다.

그냥 꾸벅꾸벅 인사만 하고, 악수하라고 하면 악수하고, 서투른 말솜씨로 유세하고, 이렇게 보낸 15일 후 나는 그때 처음으로 시행된 출구조사에서 압승을 하였다.

선거기간 내내 일본 NHK에서 〈민완 검사 정계에 도전하다〉라는 제목으로 다큐멘터리를 제작하여 그 후 40분간 몇 차례 세계에 위성으로 방영하기도 하였고 각종 언론에서도 나의 당선을 비중 있게 다루어 주었다. 나는 축복을 받으며 행복하게 정치를 시작한 셈이다.

당선 사례를 다니느라 여념이 없던 그해 4월 말, 정확하게 당선된 후 14일 만에 나는 어머니가 위독하다는 연락을 받았다.

그전에도 몇 번 그런 일이 있었기 때문에 그리 심각하게 생각지 않았는데 차를 타고 내려가면서 이번에는 좀 심각하다는 연락을 받았다. 밤 12시가 넘어서 울산 동광병원에 도착해 보니 어머니는 임종 직전의 상태였다. 왜 이제야 연락했냐고 가족들을 다그치자 어머니께서 선거로 바쁜 사람에게 연락하지 말라고 하셨다고 했다.

그날 새벽 어머니는 하늘나라로 가셨다.
20년 전에 혼점을 하던 영매의 20년 후에 아버지께서 데리러 오마던 그 말대로 그로부터 정확하게 20년 후에 어머니는 아버지를 따라 하늘나라로 가셨다.

  평생을 편히 사시지 못하고 아버지 걱정, 자식 걱정으로만 인고의 세월을 보내신 어머니를 남지 고향 장지로 보내면서 나는 서정주 시인의 〈귀촉도〉를 떠올렸다.

                눈물 아롱 아롱
        피리 불고 가신 님의 밟으신 길은
        진달래 꽃비 오는 西域 삼만 리,
        흰옷깃 여며 여며 가옵신 님의
        다시 오진 못하는 巴蜀 삼만 리.

        신이나 삼아 줄걸 슬픈 사연의
        올올이 아로새긴 육날 메투리.
        은장도 푸른 날로 이냥 베혀서
        부질없는 이 머리털 엮어 드릴걸.

        초롱에 불빛 지친 밤 하늘
        굽이 굽이 은하물 목이 젖은 새,
        차마 아니 솟는 가락 눈에 감겨서
        제 피에 취한 새가 귀촉도 운다.
        그대 하늘 끝 호올로 가신 님아

생전에 아들과 같이 재미있게 살아보고 싶다고 하셨지만 어머니는 큰누나의 딸들을 양육하느라 같이 살지 못해 늘 아쉬워하셨다. 공무원이라 전근을 다니다 보니 어머니 모시기에 소홀했던 내 자신도 한없이 죄스럽고 부끄러웠다.

어머니는, 자식이 검사를 왜 그만두었는지 묻지도 않으셨고 왜 국회의원이 되려는지 알려고 하지도 않으셨다. 다만 '내 아들이 결정한 것은 모두 맞는 일'이라고 늘 말씀하시면서 '네가 하는 일은 틀린 일이 없다'고 맹목적으로 믿어 주던 내 어머니는 그렇게 하늘나라로 가셨다.

어머니는 핏빛 진달래가 피고 귀촉도가 울어대던 밤에 내 손을 마지막으로 한 번 꼭 잡아 보고 하늘나라로 떠나셨다.

체념 속에 사시다가 바람처럼 가신 것이다.

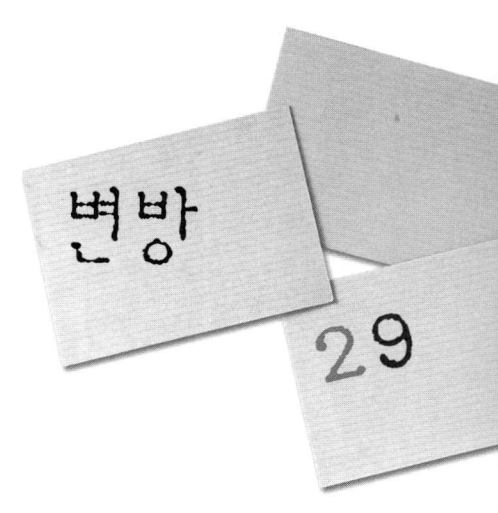

29 변방

1996년 5월 31일, 나는 대한민국의 국회의원이 되었다.

말로만 듣던 여의도 국회의사당에 와 보니 본회의장은 웅장하기 이를 데 없었으나 의원회관은 1층에 배치되어 그런지 사무실에 쥐가 돌아다닐 정도로 건물이 낡았다.

선거에서 참패한 야당의 부정선거 시비로 개원은 지연되었고 15대 국회의 개원은 그해 8월 중순에 이르러서야 겨우 이루어졌다.

나는 상임위를 환경노동위로 지원하였다.

환노위는 국회에서 모두가 지원을 기피하는 대표적인 3D 상임위였지만, 나는 1974년부터 울산에 살면서 노동운동을 눈여겨보았기 때문에 환노위를 지원하였다.

그 당시 환노위는 야당의 독무대였다. 이해찬 의원, 방용석 의원, 한영애 의원 등 야당의 맹장들이 환노위를 점령하다시피 했다. 우리 쪽은 김문수 의원, 권철현 의원, 그리고 내가 있었는데 우리끼리는 각자 파트너를 정하고 대적하기로 했다.

김문수 의원은 방용석 의원을, 권철현 의원은 한영애 의원을, 나는 이해찬 의원을 담당하기로 하고 항상 위원회에서 그 사람들 발언 직후 반박 발언을 하거나 상대방을 공격하는 발언을 하면서 환노위 주도권을 쥐고자 노력했다.

그러나 국회는 항상 야당판이 될 수밖에 없었다. 여당은 항상 수세적인 입장이 될 수밖에 없기 때문에 우리는 늘 힘들었다. 방용석 의원의 해

박한 노동현장 지식은 다른 의원들을 압도했고 이해찬 의원의 위압적인 발언과 치밀한 논리를 나로서는 따라갈 수가 없었다.

그해 국정감사는 야당의원들의 독무대로 끝이 나고 노동법 개정협상이 결렬되면서 연말을 맞았다.

그해 12월 26일 새벽, 나는 그 전날 원내 총무단이 26일 새벽 5시에 서초동 팔레스호텔로 시간을 엄수해 나오라고 해서 영문도 모르고 나

갔다가 준비된 버스를 타고 국회 후문으로 들어가 본회의장에 입장했다. 그리고 1분 만에 오세응 부의장의 사회로 쟁점이 되었던 노동법을 날치기 처리하는 데 가담을 하게 되었다.

 이 노동법 날치기 처리는 새해부터 한국 사회를 뒤흔들어 후폭풍에 휩싸이게 했고 김영삼 정부는 한보 사건, 김현철 사건으로 급격히 쇠락하였다.

변방

30

*1997*년 새해가 되자 노동법 날치기 처리를 둘러싼 한국사회의 갈등은 최고조에 다다랐다. 김영삼 대통령의 연초 기자회견은 이러한 사회 분위기에 기름을 부은 격이 되었다. 오만하게 비칠 수밖에 없는 기자회견이었기 때문이다.

그때 나는 국회의원이 되고 난 뒤 처음으로 해외출장을 떠나 호주를 방문하였다. 호주 현지에서 김영삼 대통령의 기자회견을 본 나는 큰일 났다는 생각이 들었다.

돌아와 보니 야당이 노조를 중심으로 뭉쳐 길거리 투쟁에 나서는 바람에 나라는 혼란으로 치닫고 있었다.

결국 국민적 동의 없이 날치기 처리된 노동법을 무효화하기로 합의하고 환노위에서 다시 야당과 협상하기로 하였다.
야당에서는 새정치국민회의의 이해찬 정책위의장, 자민련 정우택 간사가 협상 파트너였고 신한국당에서는 내가 실무협상에 나서기로 하였다.

그해는 대선이 있는 해였기 때문에 야당, 특히 새정치국민회의로서는 노조를 우군화하는 데 온 협상력을 집중하고 있었고, 우리는 우리대로 잘못된 노동법을 바로잡는 데 주력했다.
가장 첨예한 대립이 있었던 것은 복수노조 허용 문제였다. 새정치국민회의는 민노총의 주장을 받아들이자고 했고, 우리는 한국 현실에 있어 복수노조는 불가하다고 맞섰다. 협상이 한창 진행되던 한밤중에 내가 역 제안을 했다.

복수노조는 받아들인다. 그러나 노조 전임자 임금은 지급할 수 없다. 노조 전임자 임금을 지급하는 것 자체가, 사용자가 노동자를 회유하는 수단이 되기 때문에 당당히 노동운동을 하려면 전임자 임금 지급은 금지되는 것이 옳다.

국민회의 협상단은 한밤중에 급히 김대중 총재의 일산 자택을 갔다 오더니 양자를 수용하기로 하고, 다만 5년간 그 조항을 유예하자고 했다.
이렇게 해서 노동법 사태는 마무리되었다.
그러나 대선을 앞둔 야당의 공세는 격화되고 여당 대선 후보들의 난립으로 신한국당은 걷잡을 수 없는 혼란으로 빠져들었다.

여당 대표로 이회창 의원과 최형우 의원, 이한동 의원이 경쟁하다가 여론상 유리한 이회창 의원이 그해 3월 초 대표로 지명되자 그 충격으로 최형우 의원이 쓰러지면서 민주계는 와해의 길로 접어들었다. 필마단기로 입당한 이회창 대표 체제가 들어서면서 청와대와 여당의 거리는 멀어지고 소위 신한국당 9룡의 여당 대통령 후보 획득을 위한 쟁패가 시작되었다.

변방

31

그해 3월 초부터 본격적으로 시작된 한보 사건 수사가 김현철 사건으로 이어지면서 김영삼 대통령은 두 번이나 언론에 나와 대 국민 사과를 하는 수모를 겪어야 했고 여당의 대선 경선 레이스는 본격적으로 시작되었다.

서청원 의원을 중심으로 한 정발협은, 이재오 위원이 실무단장을 맡아 이수성 고문을 지원하고 나는 법률특보가 되어 이회창 후보를 지원하게 됐다. 이재오, 김문수, 이우재 민중당 트리오는 15대 출범 시부터

시월회를 조직하여 나는 그들과 정치활동을 같이하였다.

좌파 출신인 그들과 정치적 노선을 같이한다고 일각에서는 나를 좌파 검사라고 놀리기도 하였으나 개의치 않았다.

나는 그들과 정치를 같이하면서 그들을 좌파라고 생각해 본 일이 단 한 번도 없다. 유신독재 시절 민주화운동에 헌신한 그들을 단지 민중당 출신이라고 좌파로 단정하는 것은 잘못임을 그들과 정치를 같이하면서 알게 되었다.

그 중 이재오 의원은 정치적 파괴력이 대단한 사람이다. 그를 중심으로 한 정발협은 대단한 활동을 하였으나 여론은 이회창이었다.

이회창 후보 두 아들의 병역 의혹 사건은 이미 그때부터 제기되었다.

정발협을 중심으로 이회창 후보 두 아들 병역 의혹이 제기되었으나 당내 경선이었기 때문에 본격적으로 거론되지 못하고 묻혔던 것이다.

그해 7월 잠실체육관에서 있었던 신한국당 대통령 후보 경선에서 이회창 후보는 이인제 후보와 결선 투표에서 60%에 가까운 득표로 당선되었다. 당선 사흘 후 각종 여론조사에서 이회창 후보는 김대중 후보를 세 배가량 앞서는 압도적인 지지로 출발하면서 그해 대선은 그렇게 끝나는가 보다 했다.

그러나 대선 결과는 아무도 모른다. 나는 정치권에 들어와서 처음 치러 보는 대선이 그렇게 천변만화할 줄은 미처 생각하지 못했다. 그렇게 압도적인 지지율을 보이던 이회창 후보의 지지율이 병역 의혹 사건 폭로를 계기로 변화를 보이기 시작했다.

야당에서 병역 의혹을 폭로하기 전인 7월 말경 밤 9시쯤 되어서 나는 이회창 후보의 자택을 찾았다.

이 후보에게 나는 '두 아드님 병역 문제는 지금 야당 국방위원인 C의원이 폭로자료를 준비하고 있다. 살펴보니 나도 납득이 안 가는 부분이 있다. 법적으로는 문제가 없어도 국민 정서가 악화될 수 있다. 대국민 사과를 미리 하고 두 아드님 중 한 사람은 자원봉사자로 소록도로 보내자'고 말했다.

소록도는 천형의 땅으로 알려져 있어 모두 기피하는 곳이기에 병역 대신 일 년가량 그곳에서 자원봉사를 시키면 국민 감정이 무마될 것이라고 나는 생각하였다. 그러나 이 후보는 단호하게 거절했다.

"나는 위법 사실이 없다. 여기서 밀리면 끝이 없다. 아무런 잘못이 없는데 마치 잘못이 있는 것으로 비춰지는 것은 옳지 않다. 당당하게 대처하라."

정치는 옳고 그름의 문제가 아니라 국민 감정이 더 앞서는 문제라는 것을 나는 병역 의혹 사건의 추이를 보면서 절실히 깨닫게 되었다.

대쪽 이미지로 국민적 지지를 받았던 이 후보는 병역 의혹 사건이 쟁점화되면서 법과 원칙이라는 이미지는 사라지고 국민들로부터 외면을 받기 시작했다.

그 후 나는 8월 말에서 9월 중순까지 세 차례에 걸쳐 똑같은 건의를 하였으나 이 후보는 듣지 않았다. 이 후보에 대한 국민 지지율이 폭락하여 10%대가 되던 추석을 하루 앞둔 9월 말경에 이르러서야 이 후보는 큰아들 이정연 군을 소록도로 자원봉사를 보내고 대국민 사과를 하였다.

실기했던 것이다.
아무리 좋은 정책도 때를 놓치면 효과가 없듯이 이 후보는 위법한 행위를 하지 않았음에도 실기를 하는 바람에 더욱더 곤혹스러운 입장에 처하게 되었다. 한 번 떨어진 지지율은 오르지 않고 당내에서는 후보 교체론이 비등해지고 이 후보는 안팎 곱사등 신세가 된 것이다.

이 상황을 탈피하기 위하여 그해 10월 중순이 넘어가면서 이 후보는 극약 처방을 하게 된다.
YS 탈당 요구와 민주당과의 합당이 그것이었다.

YS 탈당 요구가 있던 날 이 후보는 우리를 63빌딩 토파즈 룸으로 불러 이해를 구했다. 그러나 선거 전략상 옳지 않다고 우리는 한목소리로 반대했다. 우선 이인제 후보의 출마 명분을 더 확실하게 해줄 뿐만 아니라, 여권의 분열은 김대중 후보의 당선만 더 확실하게 해줄 것이라고 반대했다.

그러나 이 후보의 YS와의 차별화 전략은 돌이킬 수가 없었고 바로 조순 총재와의 합당 선언을 통해 신한국당은 한나라당으로 거듭나게 되었다.

그러자 미동도 않던 이 후보의 지지율은 상승하기 시작했고 DJP 연대를 선언한 김대중 후보의 지지율을 따라잡기 시작했다.

그러나 마지막 악재였던 IMF 구제금융으로 우리는 1.3%를 따라잡지 못하고 보수 정권 50년 만에 진보 진영에 정권을 내주게 되었다.

대선이 끝난 후 참으로 허탈하였다.

IMF 경제 위기를 초래한 집권당의 일원으로서 국민을 뵐 면목도 없었을 뿐만 아니라, 50년 보수 정권을 진보 진영에 내어준 최초의 보수 정당의 일원이라는 사실이 나를 부끄럽게 했다.

그해 2월 구정 다음날 나는 이 총재의 부름을 받고 신당동 자택에 갔다. 이 총재는 당으로 복귀할 테니 명분을 만들어 달라고 하셨다. 그러나 나는 지금 복귀는 정치 보복의 우려가 있으니 김대중 대통령처럼 일년 정도 해외에 유학하시는 것이 어떠냐고 건의했다. 그렇지만 이 총재는 그러면 잊혀진다고 하며 초조감을 내비치셨다.

3월이 되고 우리는 조순 총재에게 못할 짓을 하기 시작했다.

합당 부칙에 있는 조 총재의 임기 2년을 무시하고 사퇴를 요구했다.

김대중 정권에 대항하기 위해서는 민주당 출신인 조 총재로는 안 되고 이회창 총재가 복귀해야 강력한 견제 야당이 될 수 있다는 것이 우리의 논리였지만 정치 도의에는 맞지 않는 주장이었다.

결국 조순 총재는 사퇴하고 1998년 9월 초 이회창 총재가 복귀하면서 여야는 극심한 대립 국면으로 가게 되었다.

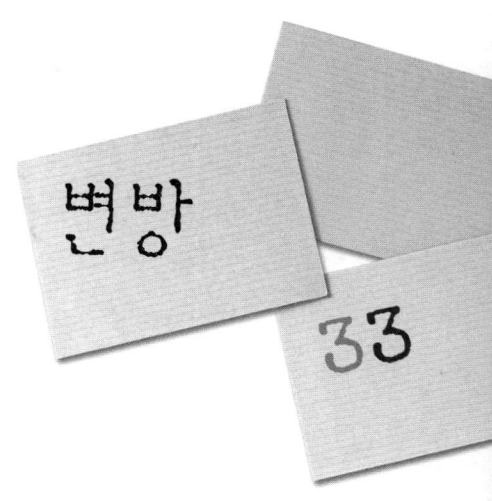

변방

33

그해 9월 초에 있었던 한나라당 전당대회에서 이 총재는 소장파의 요구를 받아들여 당을 대 개혁하게 되었다.

김윤환, 이기택 등 원로 그룹을 부총재단에서 퇴진시키고 이우재, 박근혜 등 초선의원을 부총재로 전격 등용한 이 총재는 당을 친정 체제로 전환했다.

내부 반발이 심했으나 강력한 야당 구축이라는 명분으로 이를 무마하여 이 총재 체제는 안착하는 듯했으나 총풍, 세풍, 안풍 사건이 연달아 터지면서 김대중 정권은 한나라당 와해 공작을 시작했다. 모두 지난 대선과 관련된 사건이었다.

　김대중 비자금 사건은 집권 후 검찰을 동원하여 적당히 무마해 버리고, 지난 대선 때 있었던 일부 사건을 한나라당과 이 총재와 엮어 공격을 하기 시작했다.

　그 당시 무혐의되었던 선거법 위반 사건이 재정신청으로 부심판 회부되어 나는 이미 고등법원에서 500만 원 벌금형을 선고받고 대법원에 상고를 하고 있던 터라 대정부 투쟁에 나설 수 없는 처지였지만 당의 요구로 다시 대여투쟁의 전면에 나서기 시작했다. 그때부터 나는 저격수라는 달갑지 않은 별명을 얻게 된다.

　선동 연설을 잘한다고 해서 내가 언제나 이 총재 연설 바로 앞에 배치되어 분위기를 돋우면 이 총재가 올라와서 마무리하는 형식으로 우리는 전국을 순회했다. 이부영 원내총무가 야당파괴 저지위원장이 되어 우리는 두 달간 전국을 순회하면서 장외 집회를 하였다.
　그러는 한편 나는 총풍 사건, 안풍 사건의 변호인으로 법정에서도 활동하였다. 고통의 한 해가 지나고 새해가 오자 나는 신변정리를 하기 시작했다.

선거법 위반 사건의 대법원 선고가 다가온 것이었다.

김대중 정권은 지난 대선 후 총풍, 세풍, 안풍 사건 등 대선 관련 사건으로 사법적으로 한나라당을 압박하고 의원 개개인의 비리와 선거법 위반으로 재판계류 중인 의원들을 상대로 압박을 가하여 탈당케 한 후 국민회의와 자민련으로 38명이나 빼내어 감으로써 한나라당을 와해시키려 했다.

나도 그런 제의를 받았으나 그렇게 하지 않았다.

탈당하여 무죄를 받아 본들 국민들이 무죄로 믿어 주겠는가. 배신자가 되어 생존한들 무슨 정치적 의미가 있겠는가.

나는 나와는 아무런 상관이 없는 선거법 위반 사건의 공범으로 부심판되어 2년 반 동안 재판을 받으면서도 단 한 번도 내가 잘못했다고 생각지 않았다. 그런 내가 탈당을 하여 비루하게 살 필요는 없는 것이었다.

1999년 3월 2일, 국회에서 마지막 대정부 질문을 한 후 대법원 판결이 있기 하루 전인 3월 8일 국회 본회의장에서 의원직을 사퇴하는 신상 발언을 하고 국회를 나왔다. 사법책임이 아닌 관리책임을 지겠다고 선언하고 나는 국회를 떠났다.

그날 여의도의 한강 바람은 무척이나 매서웠다.

그 이튿날 중앙일보 김상택의 만평에는 〈DJ 저격수 가다〉라고 실려 있었다.

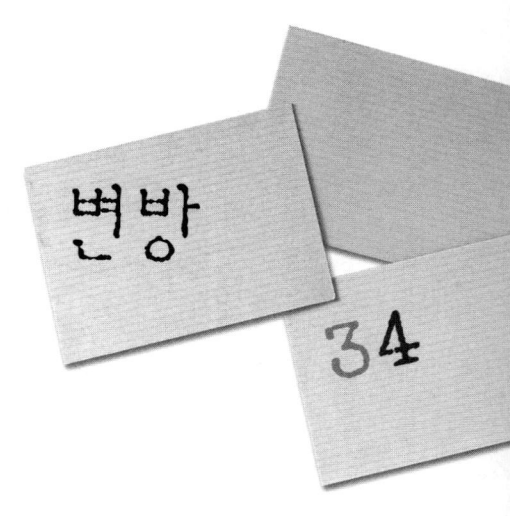

변방

34

이제 일상으로 돌아왔다.

며칠 집에서 쉬다가 더 큰 세상을 보기로 마음먹고 세계의 심장부인 워싱턴으로 유학을 떠나기로 결심했다. 다시 내게 정치할 기회가 안 올지도 모르나 나는 어차피 시작한 정치인데 다음을 대비하기 위해서라도 미국을 공부하기로 작정했다.

지인들의 소개로 워싱턴 국제전략문제연구소 객원 연구원 자리를 얻어 놓고 5월 초 무작정 워싱턴으로 갔다.

영어 실력이 부족해 고민을 하면서 도착한 워싱턴에서 나는 뜻밖에 반가운 분을 덜레스 공항에서 만났다. 이명박 선배님이었다. 이 선배는 선거법 위반 재판 도중 의원직을 사퇴하고 1998년 12월부터 조지워싱턴 대학 객원교수로 와 있었다.

1972년 2월 24일 무작정 상경할 때보다 더 참담한 심정으로 워싱턴을 갔는데 이 선배를 만나 워싱턴 생활을 순탄하게 시작할 수 있었다. 이 선배의 배려로 집도 수월하게 얻고, 중고차 구입, 운전면허 취득도 손쉽게 할 수 있었다.

워싱턴에서의 생활은 고독과의 싸움이었다. 매일 사람 속에서 부대끼면서 살던 내가 나 홀로 생활을 해야 했던 것이다.

그때 대한항공 워싱턴 지사장이던 안수범 군의 도움이 없었으면 나는 질식했을지도 모른다. 그의 도움으로 인터넷도 배우게 되고 미국을 여행하는 방법도 배우게 되었다. 그리고 혼자 사는 법도 스스로 터득하게 되었다.

윌리엄스버그도 가 보고 리치먼드도 가 보았다. 루레이 동굴도 가 보고 뉴욕 맨해튼, 나이아가라 폭포도 가 보았다. 메릴랜드 교민 체육회

고문 자격으로 볼티모어에서 비행기를 타고 LA에서 열리는 전미체전에 참석하면서 미국이 얼마나 큰 나라인지 실감하였다. 한 나라에서 5시간이나 비행을 하면서 시차가 몇 시간이나 되는 것을 보고 과연 미국은 드넓은 땅을 가진 광대한 나라라는 점을 실감하였다.

그 당시 미국 워싱턴에는 손학규 선배도 경기도지사 선거에서 실패하고 조지워싱턴 대학 객원교수로 와 있었다. 그래서 하루는 이명박 선배와 하루는 손학규 선배와 만났다. 나는 그 선배들과 교분을 두텁게 가지면서 많은 것을 배워나갔다.

그러나 그때도 두 분은 이회창 이후 한나라당의 지도자라는 경쟁의식이 있었는지 3자가 같이 만나는 것을 서로 회피했다.

이명박 선배와는 시간이 나면 주로 골프를 하고 골프를 못하는 손학규 선배와는 세상 이야기를 주로 하였다.

그분들과의 워싱턴 생활을 통해 나는 검사의 시각에서 보던 세상을 정치인의 시각에서 보는 개안(開眼)을 하게 된다.

이때 우리는, 이 선배는 서울시장으로, 손 선배는 경기지사로, 나는 국회로 복귀하기로 했는데, 2002년 5월 지방선거에서 두 분은 각각 서울시장, 경기지사에 당선되었고, 나는 2001년 10월에 국회로 복귀하면서 세 사람이 꾸었던 워싱턴의 꿈을 모두 이루어냈다.

그러나 이회창 이후 두 분의 경쟁에서 나는 당혹스러운 입장에 처하게 되는데, 워싱턴 인연은 이래저래 내 정치생활에 있어 중요한 부분을 차지하게 되었다.

미국의 밑바닥을 보고 미국이 한국에 어떤 의미를 가지는 나라인지를 공부한 것으로 미국생활을 마친 후 나는 덜레스 공항의 단풍이 빨갛게 물든 11월 중순 귀국했다.

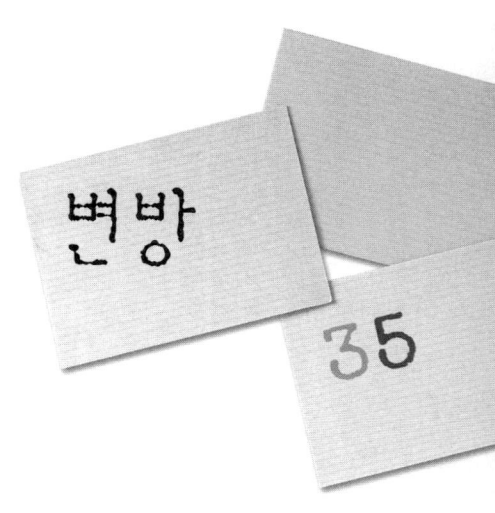

워싱턴에서부터 내가 생각한 것은 앞으로 어떤 시대정신이 필요할 것인가였다.

이승만의 건국 시대, 박정희의 조국근대화 시대, 김영삼, 김대중의 민주화 시대를 지나고 나면 대한민국의 시대정신은 과연 무엇이 될 것인가.

워싱턴에서부터 손학규 선배와는 이 시대정신이라는 거대 담론을 두고 진지하게 각자의 생각을 이야기해 왔다. 귀국해서도 나는 앞으로 전

개될 시대정신은 무엇이 될지에 대한 거대 담론을 두고 진지하게 생각을 계속했다.

해방 이후 50여 년 동안 대한민국은 일제 강점기와 6·25 전쟁을 거치면서 폐허의 잿더미 속에서 출발했다. 이승만 정권의 건국 시대는 봉건 시대를 근대국가 시대로 이끌면서 대한민국의 정통성을 확립해 놓았으나 독재와 부패의 만연으로 나라를 더욱 피폐하게 했다.

5·16 쿠데타로 집권한 박정희 정권은 조국근대화를 내걸고 건국의 이념을 세웠으니 이젠 잘 먹고 잘살아 보자고 경제 발전에 온 국민의 힘을 모았다. 민주화에 앞서 민주화를 이룰 토대를 마련하기 위해서는 우선 잘 먹고 잘살아야 한다는 박정희 정권의 논리에 국민들은 주저 없이 따라 주었다.

절차의 정당성보다 능률과 실질을 앞세운 박정희 정권은 민주주의의 다양성을 추구하기에는 우리에게 주어진 시간이 너무 촉박하다는 인식 아래 국가를 경영했던 것으로 보인다.

1971년 닉슨독트린이 발표되면서 이념의 경계선이 무너지고 자주국방이 강조되면서 대한민국은 더욱더 체제 결속이 필요하였다.

이후락 정보부장을 앞세운 7·4 남북공동선언은 세계의 흐름에 따라가는 듯했으나 남북은 각자 체제 결속을 위한 철권통치 시대로 되돌아갔다. 북한은 형법을 개정하여 김일성 유일 체제를 강화하였고 한국은 10월 유신으로 청동 시대로 돌아갔던 것이다.

그러나 국가 능력의 집대성과 효율성만 강요한 유신 시대는 내부의 권력 다툼으로 무너지게 됐다.

1979년 10월 박정희 대통령의 시해로 유신 시대는 막을 내렸지만 유신과 다름없는 5공 시대가 개막됨으로써 대한민국은 보수 반동의 시대를 맞는다.

광주시민들의 무고한 주검으로 출발한 5공 정부는 유신 시대보다 더 한국사회를 감시와 통제 아래 두려고 했으나 민주화의 도도한 흐름을 견디지 못하고 시민혁명에 굴복한 1987년 6·29 선언으로 무너졌다.

노태우 정권은 야권 분열과 보수의 결집으로 정권 연장에 성공하기는 했으나 이미 한국사회는 보수 반동의 시대를 넘어서고 있었다.

이어 김영삼 총재는 3당 합당으로 노태우 정권을 안정시켜 주는 대신 차기 문민정부를 출범시켰다.

1993년 출범한 문민정부는 이 땅에 민주주의를 제도적으로 정착시키기 위해 전력을 다했다.
　하나회 숙청, 권력 비리 엄단, 공직자 재산 등록, 금융실명제 실시 등 문민정부 초기 김영삼 대통령은 90%에 이르는 국민적 지지를 받으면서 한국사회를 민주화했다.

나아가 5공 쿠데타 세력을 단죄하는 역사 바로 세우기로 5·18 광주 민주화 운동을 역사 앞에 정의하는 데 주저하지 않았다. 그러나 권력의 사유화 논란을 일으키면서 여당 내 세력 관리에 실패하고 IMF 위기를 초래하는 바람에 차기 정권을 50년 보수 진영에서 진보 진영으로 넘겨주었다.

정권을 이어받은 김대중 대통령은 민주화에 박차를 가하는 동시에 IMF 위기탈출에 전력을 기울이는 한편 햇볕정책으로 남북관계 개선에 주력하였다.

이때까지 한국의 정치사를 정리해 본 나는 진보 진영으로의 정권 이동을 부정적으로 보지 않았다. 지역감정과 보수, 진보 대립을 완화시키기 위해 진보, 보수가 번갈아가면서 정권을 잡는 것이 역사 발전의 순리라고 보았다.

그러나 보수 정당인 한나라당을 와해시키기 위해 총풍, 세풍, 안풍, 병풍 사건을 만든 진보 정권을 보면서 그들도 과거 골통 보수 정권이 자행하던 공작 정치의 폐습을 버리지 않고 있다는 것과 집권 일 년차에 벌써 50년 집권론을 내세우고 있는 것을 보고 나는 더더욱 그들에게 실망하게 되었다.

김대중 정권 이후 대한민국의 시대정신은 과연 무엇일까.
국민을 하나로 묶어 줄 시대정신은 과연 무엇일까.

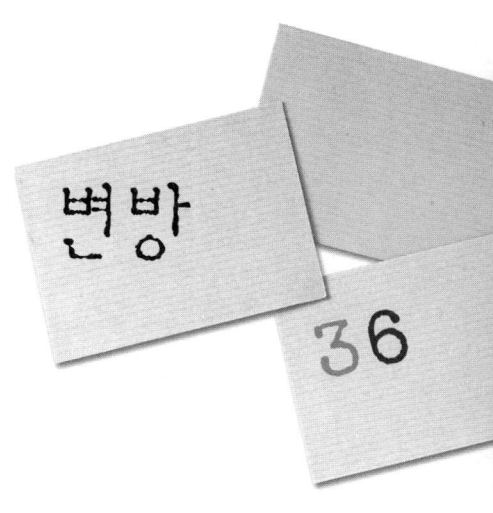

변방

*2000*년 새해가 밝아오자 새천년의 시작이라고 세상은 온통 축제 분위기였다. 그렇게 걱정하던 밀레니엄 버그도 별것이 아니라고 판명이 나고 국민의 염원이었던, IMF 외환위기도 끝나가고 있었다.

나는 변호사 사무실에 앉아 찾아오는 손님들을 맞으며 세월을 보내고 있었다. 그 당시 내가 한 유일한 일은 총풍, 안풍 사건의 변론이 전부였다.

총풍, 안풍 사건의 무고함이 밝혀져야 한나라당이 산다고 보고 나는 그 사건 변론에만 집중했다. 세풍 사건은 무죄를 받기에는 너무 증거가 많다고 보고 변론에 나서지 않았다.

총풍 사건을 맡은 서울 고등법원의 박 부장은 그 재판을 참으로 공정하게 해주었다. 오후 2시에 공판이 시작되면 저녁식사를 거르고 보통 밤 11시 반까지 강행군하였다.

내가 참가하지 못한 2000년 4월, 16대 총선은 이회창 총재의 공천 혁명이 역풍을 맞는가 했는데 야당 견제론이 제대로 먹혀들어 한나라당은 대승을 하게 되었다.

2000년 한 해 동안 나는 정치 방학을 맞았다. 그 방학 기간 동안 그동안 만나지 못했던 사람도 만나고 독서와 운동을 하면서 한가한 세월을 보냈다.

총풍 사건이 항소심에서 사실상 무죄선고를 받던 날, 나는 이 총재로부터 500만 원을 받았다. 정치를 시작하고 난 후 처음으로 이 총재에게 받은 돈이었다. 이 총재는 그 돈을 나에게 주면서 '홍 의원, 이 돈은 5천만 원이라고 생각하고 받아라'라고 말했다.

과거 보스들과는 달리 돈하고는 담을 쌓은 이 총재에게 우리는 돈을 달라고도 하지 않았다. 이 총재가 돈을 준 일도 없었다.

2004년 2월 대선자금 수사 때 전략기획본부장을 하면서 한나라당이 지난 대선 때 1천 200여억 원이나 불법 수령했다는 검찰 발표를 그래서 한동안 나는 믿지 않았다.

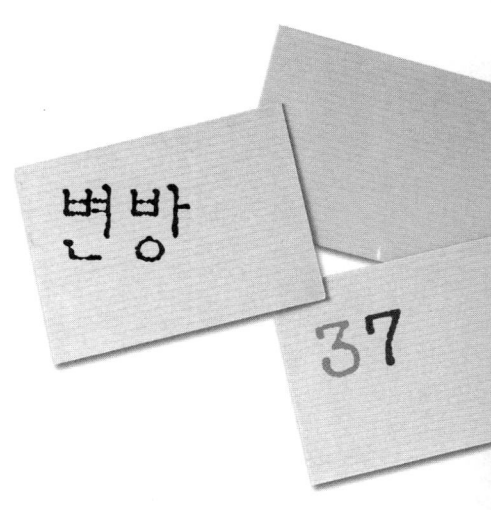

2000년 4월 총선에서 대패한 김대중 정권은 여야 영수회담에서 이 총재가 요구한 야당 인사들의 사면, 복권을 약속했다. 그래서 그해 8·15 특사에서 이명박 선배와 나는 사면 복권이 되었다.

사면 복권이 되어 이 총재의 정치특보로 다시 한나라당에 복귀한 나는 그 이듬해 8월까지 은둔 생활을 할 수밖에 없었다.

2000년 6월에는 역사적인 남북 정상회담이 열려 남북 화해의 물꼬를 텄지만 정치권에서는 대북 퍼주기란 논란이 끊이지 않았고 여야는 여전히 대립과 투쟁을 멈추지 않았다.

2001년 8월, 이 총재는 여름휴가 때 나를 조선호텔 양식당인 나인스 게이트로 조용히 불렀다. 동대문 보궐선거에 나가라는 것이었다.

나는 이 총재에게 동대문은 곤란하다고 했다. 동대문 을구는 당시까지만 해도 속칭 선거자금을 쏟아부어야 하는 지역으로 유명했다. 그 당시 우리는 야당이어서 선거자금이 없었을 뿐만 아니라 나 역시 선거에 쓸 돈은 전무했다. 그런데 이 총재가 동대문 을구에 나를 내보낸 것은 김대중 정권의 공세가 점점 더 거세지는 상황에서 한나라당으로서는 나 같은 저격수가 필요했고 여론조사를 해 보니 동대문 을구는 나밖에 없다고 판단했기 때문이다.

집으로 돌아와 아내와 상의해 보니 아내는 동대문으로 가자고 했다.
설마 동대문 사람들이 홍준표를 떨어뜨리겠느냐는 막연한 기대가 아내의 논거였다.

나는 그 당시 이 총재에게 '내년 지방선거 때 대구 국회의원 중 한 명을 대구시장으로 차출하고 그 자리에 제가 갑시다'라고 간청을 하고 있었다.

나도 고향에서 좀 편하게 국회의원을 하고 싶었다. 그러나 이 총재의

요구대로 동대문 재선거에 출마하기로 결심하고 9월 중순 전농동 지인의 집으로 주민등록을 옮긴 후 정당 활동을 개시했다.

선거법 위반 누명을 한 번 뒤집어쓴 일이 있기 때문에 나는 선거법 위반의 소지가 있는 일은 일체 못하게 당직자들에게 지시를 하고 아무런 연고 없이 단지 대학 시절에 전농동 근처에 잠시 살았다는 이유를 내세워 선거운동을 시작했다.

김대중 정권시절에는 유난히 게이트 사건이 많았다.

코스닥과 관련된 게이트 사건이 난무했고 동대문 재선거 당시에도 이용호 게이트 사건을 중수부에서 조사하고 있었다.

'DJ정권 심판하는 대한민국 특별검사'라는 선거 구호를 내세우고 선거전에 돌입하여 동대문으로 간 지 불과 한 달 만에 압승을 하여 나는 당당히 여의도로 복귀하게 되었다.

'좀더 정치를 하라는 팔잔가 보다.'

여의도 한강의 매서운 강바람을 뒤로 하고 떠난 지 2년 6개월 만에 나는 다시 동대문 주민들의 도움으로 여의도로 돌아갔다.

동대문 재선거 당시 이명박 선배는 15일 동안 아침 9시에 출근하여 나와 유세차를 타고 밤 8시까지 하루 종일 지원 유세를 해 주었고 손학규 선배도 마찬가지로 유세차를 같이 타고 돌아 주었다. 어느 날은 세 사람이 함께 나를 중간에 세워 놓고 차를 타고 돌아다니며 유세를 했다.

이회창 총재, 최병렬 부총재를 비롯한 중앙 당직자들, 한나라당 국회 의원들, 그리고 이명박, 손학규 두 선배의 도움으로 선거자금 없이 맨손으로 치른 동대문 재선거의 승리는 한나라당으로서는 김대중 정권을 레임덕으로 몰아가는 계기가 된 중요한 사건이었다.

의원회관 707호에 방을 정하고 재정경제위원회에 배정을 받은 나는 2001년 10월 25일, 제16대 국회의원으로서 의원 생활을 다시 시작하게 되었다.

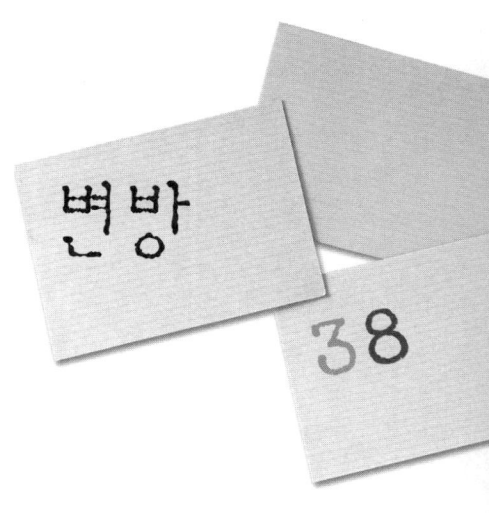

변방
38

국회로 복귀한 나는 야당 파괴를 획책하는 김대중 정권에 대항하여 최전방에서 온몸으로 싸우는 대여 공격수 임무를 부여받고 김대중 정권의 권력 비리 색출에 전력을 기울이게 됐다.

돌아보면 15~16대 국회의원 생활은 국회의원이라기보다 검사 생활의 연장에 불과했다. 내가 할 줄 아는 것도 그 당시에는 그것밖에 없었다.

2001년 10월 말부터 다시 시작한 국회의원 생활을 또다시 당의 요구로 저격수로 재출발한 나는 당에 제보된 김대중 대통령의 세 아들 비리 사건의 진위 여부를 확인하는 데 대부분의 시간을 보냈다.

2002년 3월 대선이 있던 해, 우리는 김대중 대통령 세 아들의 비리를 파헤치는 데 성공함으로써 김대중 대통령을 무력화시키고 대선의 중립지대로 보냈다고 생각했으나 이 총재 측에서 끝까지 김대중 대통령 측의 화해 요구를 거부하는 바람에 1997년의 병풍 악몽이 되살아나게 됐다.

그해 3월 말부터 검찰발로 시작된 병풍 사건의 재점화는 더욱 정교하게 짜인 각본을 토대로 이번에는 방송까지 가세해 김대업이라는 희대의 병무 브로커를 통해 확대 재생산되었다.

민주당은 새로 도입된 국민경선을 통해 감동의 드라마를 연일 연출하여 노풍을 일으키고 있는데, 우리는 병풍에 갇혀 더 이상 움직일 공간이 없었다.

이 총재의 측근들은 김대중 대통령 후반기 2년, 다음 대통령 5년이라는 소위 7년 대통령론을 펼치면서 낙관론으로 일관하였지만, 당은 이들의 전횡으로 더욱 무기력해져 소장파들 사이에서는 이회창 총재를 오도하는 칠상시론이 널리 퍼져 있었다. 칠상시란 일곱 내시라는 뜻으로 이 총재를 오도하는 그룹을 총칭하는 말이었다.

이해찬 의원이 모 신문에 밝힌 내용을 보면 당시 서울지검 특수부장이 자신을 찾아와 국회에서 병풍을 재점화해 주면 즉시 수사에 착수하겠다고 했다고 한다.

이미 1997년에 한 번 걸렀던 사건인데 또 무슨 의혹이 있겠냐고 모두들 의아해했지만 병풍 사건은 그 후 정치검찰의 정교한 공작 수사와 일방적인 편파 방송을 타고 또다시 폭발적으로 전파되어 우리는 이를 방어하는 데만 허덕거리면서 또다시 힘든 대선을 치르게 됐다.

2002년 12월 대선은 새로운 인물과 과거 인물의 대결로 압축되었고 민주당이 만든 그 구도를 벗어나지 못한 한나라당은 또다시 패배할 수밖에 없었다. 법치주의를 상징하던 깨끗한 인물은 병풍 공작에 의해 부패한 과거의 인물로 전락해 버리고 그해 대선이 끝나면서 전 당원의 눈물 속에서 이 총재는 정계 은퇴를 선언하였다.

변방

39

 2003 년 한나라당은 구심점을 잃고 방황하다가 최병렬 체제로 정비되면서 안정을 되찾게 됐다. 그러나 여야 관계는 복원될 수가 없었다. 대선 앙금 때문이었다.

 한나라당은 노무현 대통령을 인정하지 않았다. 이른바 병풍 공작으로 탄생한 공작 대통령이라는 것이었다.
 집권 초기 노무현 대통령은 권위주의 타파를 내세우면서 파격적인 인사와 언행, 행보로 서민들에게 다가갔지만 한나라당은 이를 포퓰리

즘으로 몰아세웠다. 더구나 병풍 공작의 주연인 김대업이 그 후 구속 기소되자 한나라당의 주장은 더욱 힘을 얻어 갔다.

이때 정국의 반전 카드로 등장했던 것이 대선자금 수사다.

대선자금 수사로 한나라당은 보수 꼴통 정당이라는 부정적 이미지에 부패 정당이라는 이미지까지 덧씌워지게 되었다. 한나라당이 노무현 체제를 인정했다면 대선자금 수사는 없었을 것으로 나는 확신한다.

한나라당이 노무현 대통령을 공작 대통령으로 몰아가면서 대통령으로 인정을 하지 않으니 노무현 정권은 지난 대선이 공정했고 오히려 선거 부정은 한나라당이 자행했다고 국민들에게 알리려고 한 사건이 2003년 말부터 2004년 2월까지 정치개혁을 명분으로 진행되었던 대선자금 수사였다.

대선자금 수사로 비상체제에 들어간 한나라당은 당헌에도 없는 비상대책위원장 겸 사무총장으로 이재오 의원을, 전략기획본부장으로 나를 긴급 수혈하고, 김문수 의원은 외부인사 영입위원장으로 임명되어 대여 투쟁을 주도하게 되었다.

이재오 의원을 중심으로 한 세 사람이 최병렬 대표 체제하에서 실질적으로 당을 이끌어 가기 시작했다.

우리는 주말도 휴일도 없이 대선자금 수사에 대한 방어와 공격에 힘을 모았다. 그러나 그해 연말, 공천을 앞두고 지구당위원장 감사 결과가 언론에 새어 나가는 바람에 이재오 의원은 사임하고 이상득 의원이 후임 사무총장이 되어 당 내분 수습에 나서게 되었다.

나는 검찰 내부에서 제보를 받은 노무현 당선 축하금 파동으로 곤욕을 치르다가 김문수 의원이 공천심사위원장이 되면서 당은 공천 국면으로 바뀌게 되었다.

최병렬 대표는 박근혜 의원을 공천심사위원장으로 하고자 했으나 우리는 김문수 의원을 고집하였다. 이렇게 해서 한나라당 17대 국회의원 지역구 공천은 김문수 의원과 나의 주도하에 진행되었다. 그러나 17대 총선 전까지 우리 앞에 새로운 함정이 또 예정되어 있다는 것을 우리는 전혀 예측치 못했다.

그것은 바로 탄핵 파동이었다.

*2004*년 3월 총선을 앞두고 대한민국을 뜨겁게 달구었던 탄핵 파동은 한나라당과 노무현 정권이 그 결과를 두고 서로 두려워했던 양날의 칼이었다.

 당시 민주당을 분당하여 열린우리당을 창당한 노무현 정권으로서는 판을 흔드는 계기가 필요했고, 한나라당으로서는 대선 불복을 현실화시킬 수 있는 절호의 기회라고 보았기 때문에 양자의 셈법이 달라 충돌은 불가피하였다.

선관위의 거듭된 경고에도 불구하고 노무현 대통령은 선거 중립 의무를 계속 위반하였고 야당은 이에 탄핵 불사를 계속 경고하였다.

당시 열린우리당 내에서도 시뮬레이션을 해 보니 이대로 선거가 진행되면 서울은 한 곳만 빼고 전패를 하게 될 것이고 호남도 민주당이 승리하여 한나라당이 제1당이 되고, 민주당이 제2당, 열린우리당이 제3당으로 전락한다고 보고되었다고 하고 한나라당의 분석도 마찬가지였다.

나는 이 분석을 토대로 선거 후 탄핵을 추진하자고 주장하였다. 대부분의 분위기가 선거 후 탄핵 추진 쪽으로 가다가 남상국 대우건설 사장이 한강에 투신을 하자 분위기는 급반전되었다.

남상국 사장의 투신은 그 전날 노무현 대통령이 자신의 형인 노건평 씨를 두둔하면서 남상국 사장을 비난한 것에 기인했던 것이다. 남 사장의 투신은 정치권을 자극하여 노무현 대통령을 대통령으로서 자격이 없다고 보고 민주당, 자민련, 한나라당이 합작하여 대통령 탄핵에 나서게 만들었다. 불과 하루 사이에 결정이 바뀌게 되고 야 3당은 노 대통령 탄핵에 나섰다. 다소 감정적인 결정을 한 것이다.

탄핵을 감행하던 날, 본회의장에서 정동영 의원은 나에게 역풍을 맞을 것이라고 경고했으나 내 힘으로는 어쩔 수 없었다. 지금도 아쉬운 것은 선거 후 탄핵으로 선후가 바뀌었다면 대한민국의 역사가 달라질 수도 있었다는 것이다.

 국가 정책을 결정하는 데 감정을 앞세우는 것이 얼마나 위험한 일인지 그때 절실히 느꼈다. 탄핵이 국회에서 강행 처리되자 방송에서는 기다렸다는 듯이 며칠 동안 하루 18시간씩 탄핵의 부당성을 집중 편파 보도했고 국민 여론은 일방적으로 한나라당에 불리하게 돌아갔다.
 설상가상으로 대선자금에 대한 이회창 책임론을 관훈 토론회에서 최

병렬 대표가 제기하자 당에 남아 있던 이회창 세력으로부터 최 대표는 사임을 요구받게 되었고, 소장파와 이재오 의원도 이에 가세함으로써 한나라당도 붕괴 위기에 이르렀다.

최 대표의 사임을 나는 끝까지 반대했으나 모든 당직자들이 총사퇴하면서 최 대표는 더 이상 버티지 못하고 대표직에서 물러났다.

최 대표가 사퇴한 다음날 나도 전략기획본부장직을 사퇴했다. 당은 비상체제로 돌입하고 임시 전당대회를 열었다. 이를 통해 박근혜 의원이 당 대표로 선출되었다.

선거를 불과 한 달밖에 앞두지 않은 긴박한 순간이었다.

박근혜 대표는 10·26 사태 때도 의연했던 것처럼 한나라당을 와해의 위기에서 구하는 지도력을 발휘했다. 그는 위기에 강한 지도자였다.

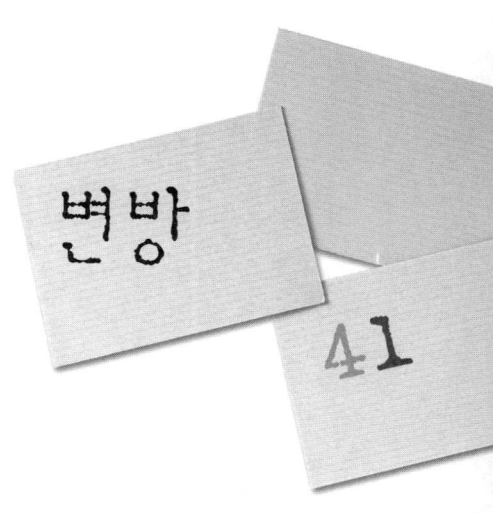

변방

41

탄핵 와중에 치러진 17대 총선은 참으로 어려운 선거였다.

강남 여론 조사에서도 한나라당이 패배한다는 결과가 나올 정도로 민심이 흉흉했던 가운데 서울 동북부 17개 선거구 중 16대 때도 한나라당으로 유일하게 나 혼자만 당선되었는데, 탄핵이 되니 선거가 더욱 힘들어졌다. 편파 방송의 위력을 실감한 선거였다.

선거 운동 시작 하루 전과 이틀 전에 방송된 KBS와 MBC 여론 조사에서 나는 열린우리당 후보에게 48% 대 20%, 47% 대 20% 정도로 일방적으로 밀리고 있었다. 15일 만에 30%를 뒤집어야 하는 선거는 상식적으로 불가능한 선거이다.

 공식 선거 운동이 시작된 이틀 동안 나는 선거 운동을 하러 지역에 나가지 못했다. 그만큼 지역 정서가 나빴다. 그러나 사흘째가 되자 당직자들이 몰려와 왜 선거 운동을 하지 않느냐고 집단으로 항의하였다.
 할 수 없이 당직자들에게 이끌려 선거 운동을 시작했으나 지역민들의 시선은 싸늘했다.
 그러나 어쩌겠는가. 선거는 이미 시작되어 버린 걸….

 선거 운동이 개시되고 중반전에 이르자 차츰 견제론이 부상하면서 여론이 반전되기 시작했다. 열린우리당 싹쓸이론에서 거대 여당 견제론이 힘을 얻기 시작하면서 인물론도 부각되어 나는 선거를 사흘 앞둔 여론 조사에서 0.3% 앞서기 시작했다는 보고를 받았다.
 투표 날 오후 4시경 방송사 출구 조사에서 한나라당이 이긴다는 보고와 함께 방송국과 인터뷰를 하기로 약속했는데 그날 저녁 6시까지 오기로 한 방송사 카메라는 오히려 열린우리당 후보 측으로 가 버렸다.

 6시에 방송 3사 출구 조사에서 6.5%라는 압도적인 표차로 나는 패배하는 것으로 발표되고 열린우리당 후보가 당선 확실자로 방송 관계자와 인터뷰하고 있었다. 마지막 여론 조사에서 2% 정도 이기는 것으로 보고받고 느긋하게 기다리던 나는 황당하기 이를 데 없었으나 곧 체념하였다.

내 운이 여기까지인가….
이젠 정치판을 떠날 때가 되었나 보다….

지구당사에는 아무도 없었다.
 나 홀로 남아 짧은 정치 인생을 정리하고 있는데 7시쯤 되어서 우리 지역의 서울시 의원 한 분이 흥분한 얼굴로 들어오면서 틀림없이 당선된다고 말했다.
 제일 먼저 개표한 전농1동에서 43표밖에 지지 않았기 때문에 틀림없이 이긴다는 것이었다. 전농 1동은 늘 선거를 하면 한나라당이 400~500표나 지는 지역이다. 그런데 이번에는 43표밖에 지지 않았기 때문에 분명히 내가 당선된다는 것이었다.
 반신반의하며 결과를 기다리는데 계속 날아드는 개표 속보는 동마다 내가 이기는 것으로 결과를 보고하고 저녁 8시경이 되자 나는 사실상 당선이 확정되었다.

그런데 방송에서는 8시 반까지 열린우리당 후보가 당선 유력자라는 자막을 계속 내보내고 있었다. 당직자들이 그때서야 몰려오고 나는 지옥 같은 선거에서 탈출할 수 있었다. 그러나 이번에도 서울 동북부 17개 선거구에서 열린우리당이 16석을 차지하고 한나라당은 나 혼자였다.

이제 3선 중진의원이 된 것이다.

돈이 생기면 산업에 투자해야 일자리가 생기고 경제가 발전하는데 좁은 국토에 인구가 많으니 자연히 돈은 부동산에 몰리게 마련이다. 그래서 나는 토지의 불로소득을 제거하고 서민들이 주택을 싸고 쉽게 구입토록 하기 위하여 이른바 '반값 아파트' 법안을 발의하여 통과시켰다.

4

변방에서 중심으로

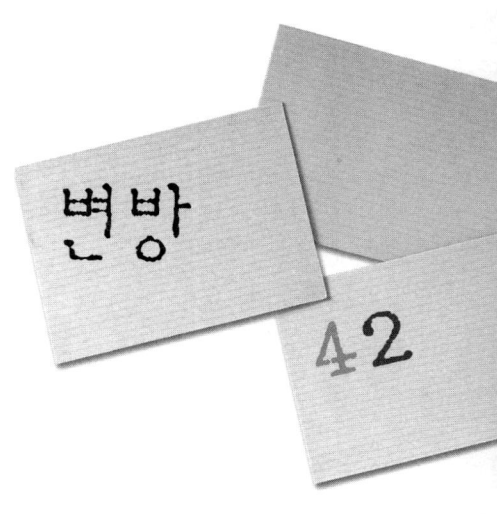

변방

42

*17*대 국회는 여야 386세력의 대거 등장으로 국회 문화가 180도 바뀌게 된다. 권위주의 타파를 위해 의원 전용 출입문도 없어지고 전용 엘리베이터도 없어졌다. 선후배 개념도 없어지면서 초선들의 발언권이 세져 오히려 선배들이 나서기를 꺼리는 풍토가 되었고 여야 막후대화라는 것도 없어져 버렸다.

국회가 정쟁으로 얼룩져도 여야 386 탈레반들은 각자 자기 주장만을 내세우는 대립만 계속하였고, 중진들은 그 누구도 사쿠라 논쟁에 휘말

리기 싫어 나서길 꺼려했다. 그러다 보니 17대 국회의원 임기를 마칠 때까지 서로 이름도 얼굴도 모르고 임기가 끝나 버린 사람들도 있었다.

나는 이제 검사적 사고를 버리기로 했다.

선악이 공존하는 정치판에서 선악을 구별하는 검사적 사고로는 더 이상 정치판에서 아무런 할 일이 없다고 판단했다. 워싱턴에서 이명박, 손학규 두 선배에게 배운 대로 이젠 검사적 사고가 아닌 정치적 사고로 정치를 하기로 했다. 아울러 저격수도 졸업할 시점이 왔다고 생각했다.

17대에 들어서서 우리가 제일 먼저 한 일은 이재오, 김문수, 내가 주축이 되어 국가발전연구회를 만든 것이었다. 이재오 의원이 제안하여 만든 발전연은 이명박 서울시장을 지원하기 위한 단체로 언론에 알려지면서 나는 반 박근혜 3인방으로 자리 매김을 하게 되었다.

검사 시절에도 비주류였고, 정치판에 들어와서도 이회창 총재 시절 전위대 역할만 한 비주류였던 나는 최병렬 대표 시절 잠시 주류를 해보다가 또다시 비주류로 간 것이었다.

발전연은 중립을 표방하기는 했지만 사실상 친이 비주류 모임이었다. 17대에 와서 비로소 나는 당파를 위한 열정을 접고 국가와 국민을 위한 정치를 해 보기로 마음먹고 저격수 활동을 졸업하는 동시에 외교, 통일 분야의 경험을 쌓기 위해 외교통상통일위원회로 자리를 옮겼다.

지금까지 나는 환경, 노동, 법사, 교육, 행자, 정보, 재경, 외통, 국방 등 8개 상임위원회를 거쳤다. 내가 상임위원회를 두루 거쳐 본 것은 국정을 섭렵해 보기 위함인데, 그 중 환노위원회에서 4년 동안 일을 하면서 환경과 노동 문제에 대해 참으로 많은 것을 배웠다.

특히 노동 문제는 1974년 울산으로 이사를 간 후부터 관심을 갖던 분야로 두 번이나 위원을 역임했다. 그리고 내 손으로 노동법 대개정을 위원으로서 한 번, 위원장으로서 한 번, 이렇게 두 번을 하기도 했다.

그해 국정감사는 아주반으로 편성되어 중국, 일본, 인도, 말레이시아를 다녀오게 된다. 중국 국정감사에서 나는 출중한 중국통인 김 대사를 만나 짧은 시간 동안 중국에 대해 많은 것을 배우게 되었고 그의 안목에 놀라움을 금치 못했다. 김 대사는 내게 중국에 대한 새로운 시각을 깨우쳐 주었고, 나는 그의 저서를 통해 중국을 새롭게 보게 되었다.

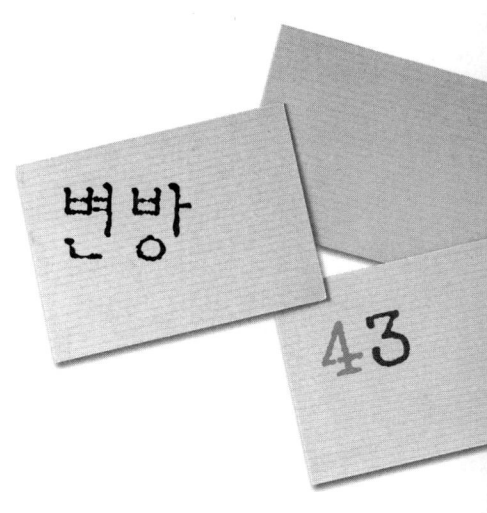

2004년 8월 24일부터 9월 12일까지 나는 미주 한인회 총연합회 초청으로 교민 정책 수립을 위해 미국의 LA, 시카고, 워싱턴, 애틀랜타를 방문하여 교민 간담회를 가졌다. 이는 김재수 현 LA 총영사의 주선으로 이루어진 일로 나는 이 미주 동포 간담회를 통해 배운 지식을 토대로 그해 10월 재외국민 3법을 발의하게 된다. 국적법, 재외동포법, 재외국민 참정권법이 바로 그것이다.

국적법, 재외동포법은 노블레스 오블리주 정신을 근간으로 하고 재외동포 참정권법은 열린 애국주의를 근간으로 하였다.

이회창 총재 두 아들의 병역 의혹은 사실이 아니었으나 국민적 감정을 자극하기에 충분했다. 그로 인한 폐단을 막기 위하여 나는 한국 지도자층 자제들이 지난 40여 년간 편법으로 활용해 온 국적 상실을 통한 병역 면탈을 원천 봉쇄했던 것이다. 아울러 병역 기피를 위한 소위 원정 출산도 원천적으로 막아 버린 법이 국적법이다.

재외동포법은 이미 국적 이탈로 병역을 회피한 사람들에게는 재외동포로서 법적 지위를 인정치 않겠다는 개정 국적법을 보완하는 법이다. 재외국민 참정권법은 1972년 유신 이래 박탈되었던 일부 재외국민의 참정권을 회복하고 헌법 정신에 따라 영주권자까지 투표권을 주는 법이었다.

처음 재외동포 3법이 발의되었을 때는 언론의 주목을 받지 못했다.
그러나 국적법이 2005년 5월 4일 국회 본회의를 통과하자 개정법이 발효되기 전에 국적 이탈을 하려는 사람들이 출입국 관리소에 장사진을 치면서 한국사회는 이들의 부도덕성을 질타하기 시작했다.

이들 중에는 심지어 3살짜리 어린이도 있었고 부모의 손을 잡고 온

중고등학생도 있었다. 다소 매카시즘적이라는 비판도 있었으나 병역 회피를 위해 한국 국적을 이탈하려는 이들에 대해 국민들은 매우 냉소적이고 비판적이었다. 언론에서는 이를 홍준표법이라고 한껏 치켜세워 주고 있었으나 나는 마음이 별로 편치 않았다. 일부 의원들로부터 포퓰리즘이라고 비난을 받고 있었기 때문이다.

그러나 개정 국적법은 그간 한국사회 지도층 자제들이 지난 40여 년간 합법적으로 병역을 면탈해 오던 탈법적인 길을 막아 버림으로써 '노블레스 오블리주' 하라는 국민적 요구를 충족시켜 준 법이라고 나는 생각한다.

그 여세를 몰아 나는 이미 병역 회피를 목적으로 국적을 이탈한 사람을 제재하고자 하는 재외동포법도 밀어붙였으나 의원들의 이해 관계가 달라 2005년 6월 29일 본회의에서 부결되었다. 재외동포법이 부결되자 여론은 들끓기 시작하여 네티즌들은 이 법에 반대한 의원들에 대해 낙선 운동을 하겠다고 난리를 쳤고 내게는 재발의 요청이 밀물처럼 쏟아졌다.

결국 국민 여론에 따라 나는 2005년 9월 5일 형식을 조금 바꾸어 재외동포법을 재발의했고, 그 법은 그해 12월 8일 본회의에서 무난히 통과되었다.

포퓰리즘은 국가의 재정을 무시하고 오로지 선심성으로만 법안과 예산을 통과시켜 국가를 파탄 상태로 몰아간다. 아르헨티나 페론 정부의 예가 그 대표적인 것이다. 국적법, 재외동포법은 국가의 재정과는 아무런 상관없이 한국사회 지도자 계층의 탈법적인 행태를 바로잡고 노블레스 오블리주를 요구한 바른 법임에도 이를 두고 포퓰리즘 운운하는 것은 올바르지 못한 비판이라고 생각한다.

재외동포 3법 중 2법은 통과시켰으나 재외국민 참정권법은 여야의 대립이 워낙 큰 사안이라 헌법 재판을 통하지 않고는 통과시킬 수 없다고 판단했다. 그래서 법안과는 별도로 김재수 현 LA 총영사와 함께 2005년 4월 6일 헌법재판소에 위헌 소송을 제기하여 2007년 6월 28일 위헌 판결을 받고 그것을 바탕으로 내가 원내대표를 하던 2009년 2월 임시국회에서 여야 협상을 완료시켜 본회의에서 통과시켰다.

바야흐로 700만 재외동포 시대가 열린 것이다.
2009년 4월에는 재외동포청 설립에 관한 법도 발의하여 2004년 8월부터 내가 구상해 온 한민족 네트워킹을 실질적으로 이룰 수 있는 토대를 구축했던 것이다.

이스라엘의 쥬이시처럼, 화교청을 세워 중화민국을 부르짖는 중국처럼, 우리도 세계에 퍼져 있는 700만 동포를 한마음으로 묶을 수 있는 제도적 밑받침을 마련했던 것이다.

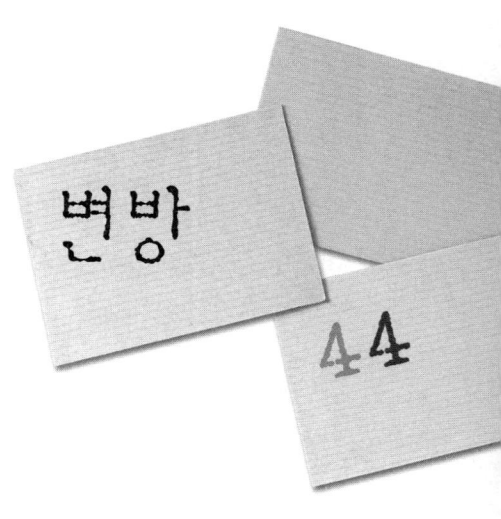

혁신위원장 시절 나는 주류였던 박근혜 대표 측과 몇 달간 치열하게 대립하였다. 첨예한 이해 관계가 걸려 있는 대선후보 선출 방식뿐만 아니라 당권의 향배, 당내 구조 개혁을 둘러싸고 친박과 친이의 대립 속에서 나는 두 번이나 실패한 정권 탈환을 이번에는 반드시 이루어야 한다는 절박감 속에서 당내 중지를 모았다.

2005년 2월 21일 시작된 혁신위는 우여곡절 끝에 그해 11월 17일 당헌 개정안을 확정하고 종료하였다.

혁신위 구성안은 당시 당내 위상이 흔들리던 박근혜 대표가 박세일 정책위 의장의 제안을 받아들여 당내 위상을 공고히 하고 정권 창출을 위해 한나라당을 개혁한다는 명분으로 구성되었다.

혁신위원장으로 처음에는 김문수 의원을 교섭했던 것으로 알려졌는데 김문수 의원은 이를 고사했다고 한다. 두 번째 교섭 대상으로 나를 지목하였고 박 대표는 두 번씩이나 제안하였다. 나는 이재오, 김문수, 홍준표 등 반박 3인방 중에서 혁신위원장을 임명함으로써 정치적 효과를 극대화하려는 포석으로 받아들였다.

나는 박 대표의 제안에 혁신위 운영의 전권을 줄 것, 혁신위의 결과물에 대해서 당헌상 당 운영위원회 의결은 거쳐야겠지만 최고위원회에서는 수정하지 않는다는 조건을 붙여 이를 수락하였다. 혁신위는 17명으로 내가 직접 구성하여 14개의 당 혁신 아젠다를 정하고 넉 달간의 논의 끝에 6월 21일 당 혁신안을 발표하였다.

최고위원을 포함한 단일성 집단지도체제 도입, 대통령 후보, 광역 단체장 선출 시 여론조사 규정 도입, 지방선거 공천권 시·도당으로 이관, 사무총장 권한 분산 등을 포함한 당 혁신안은 당 지도부가 대의원 구성 비율을 바꾸는 수정안으로 변경, 통과시키는 바람에 나는 애초 약속과 다르므로 받아들일 수 없다고 이를 거부하였다.
 이명박, 손학규 진영에서는 나의 안을 지지하였고 박근혜 대표 측 주류들은 수정안을 지지하는 가운데 열린 11월 14일 의원총회에서 홍준표 혁신안이 지지를 받아 11월 17일 당원 대표자 대회에서 통과되었다.

 혁신안 중 여론조사 반영 규정은 당시에는 신선한 안으로만 생각되었으나 나중에 가서는 일반 투표에서는 지고 여론조사에서 역전하여 이기는 극적인 반전이 나타나게 되었다. 서울시장 경선에서도 그랬고

대통령 후보 선출 때도 그랬다. 이명박, 박근혜 후보가 맞붙은 대통령 후보 경선에서 이명박 후보는 일반 투표에서는 지고 여론조사에서 극적으로 역전하여 대통령이 되었다.

그러나 이 여론조사 반영 규정은 표의 등가성(登價性) 문제로 비판에 직면하였다.

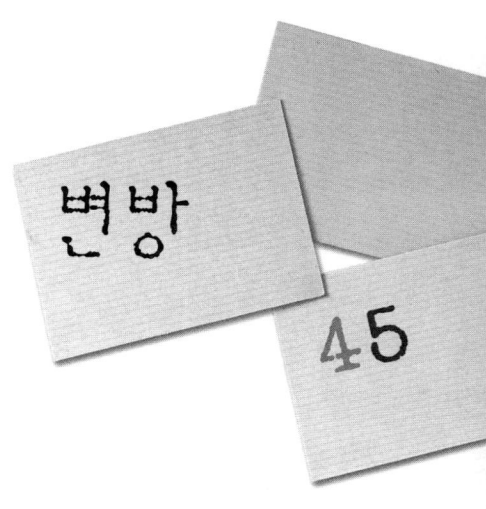

45

2005년 10월에 이르러 나는 서울시장 경선 출마를 작정하고 캠프를 차렸다. 이제 서울에서 3선도 되고 했으니 서울시정을 맡아 보기로 결심하고 캠프를 차려 정책 개발에 주력했다.

서울 서민들이 가장 관심을 갖는 분야는 집 문제와 교육 문제이다.
내 집 갖기와 내 자식 잘되기는 서울 서민뿐만 아니라 전 국민이 가장 바라는 것이다. 교육 문제는 학군제 철폐와 강북 교육 환경 개선으로 방향을 잡았고 주택 문제는 토지임대부 분양주택 제도 도입으로 방향을 잡았다.

그 중 토지임대부 분양주택 제도는 스웨덴, 싱가포르에서 주택 정책의 중심으로 채택하고 있고 뉴욕 맨해튼에도 그러한 방식의 아파트와 빌딩들이 많아 우리나라도 도입하는 데 지장이 없다고 보았다.

9·11 테러로 무너진 자본주의의 상징인 세계무역센터도 토지임대부 건물이어서 이 제도가 사회주의로 비판을 받지는 않을 것으로 생각했다. 나는 정책을 발표하면서 이해를 돕기 위해 이러한 건물의 이름을 반값 아파트로 명명하였다. 당시는 강남 집값이 천정부지로 치솟을 때라 반응은 대단하였다.

실효성 논쟁에 불이 붙으면서 한나라당 출신 의원이 발표한 이 서민 주택 정책은 서민 정당을 자처하던 열린우리당을 매우 당혹스럽게 만들었다.

토지임대부 분양주택 제도는 그 후 주·토공 통합법안과 함께 우리가 여당이 된 후 재발의하여 2009년 4월에 가서야 국회 본회의를 통과하였다.

나는 강북 대개발과 서민 교육 대책을 연달아 발표하면서 정책 주도권을 잡아 나갔으나 문제는 당내 대의원을 설득하는 일이었다.

자금도 없고 조직도 없는 나로서는 당내 대의원 선거를 어떻게 치를지 고심하지 않을 수 없었다. 그래서 나는 이 문제를 이명박 시장을 통해 해결하기로 작정하고 이 시장을 조르기 시작했다. 이 시장 입장에서는 대권으로 가기 위해서 후임 서울시장을 여당에 내 줄 수가 없었다. 만약 후임 시장이 여당이 되면 이 시장이 추진하던 사업은 물거품이 되고 업적도 탈색되게 된다. 그래서 이 시장으로서는 필승 카드가 필요했는데 나는 그때까지 이 시장에게 그러한 믿음을 주지 못했다.

2006년 3월 초에 이르러 경선 경쟁 후보 진영에서 나온 나에 대한 악의적인 비방 문건은 상황을 더욱 어렵게 만들었다. 공개적인 대응을 할 수도 안 할 수도 없는 상황이었지만 공개 대응하기로 결정을 했다.

그것이 패착이었다. 언론은 이를 이전투구로 몰아갔던 것이다. 누구의 잘잘못을 떠나 언론은 이를 더러운 싸움으로 규정하고 양자 모두를 비난하기 시작했다. 일방적으로 당하고 같이 욕을 먹는 기묘한 형국으로 변하면서 양자의 지지율은 폭락했다. 제3의 대안론이 떠오르면서 여당에서는 인기 스타 강금실 후보가 부상하고 한나라당에서는 신선한 오세훈 후보가 떠올랐다.

그렇게 해서 치른 그해 4월 서울시장 경선에서 오세훈 후보가 당선

되고 나는 오 후보의 요구대로 공동 선대위원장으로 본 선거를 치러 주었다.

서울 경영이라는 나의 '한여름 밤의 꿈'은 그렇게 해서 끝이 났다.

많은 것을 생각하게 해 준 서울시장 경선이었다. 지도자의 약속 위반은 정치적 선택으로 존중받지만 아랫사람의 약속 위반은 배신으로 규정되고 비난의 대상이 된다.

그해 6월 후반기 원구성에서 나는 환경노동위원장으로 선출되었다. 10년 만에 환경노동위원회의 책임자로 돌아온 것이었다.

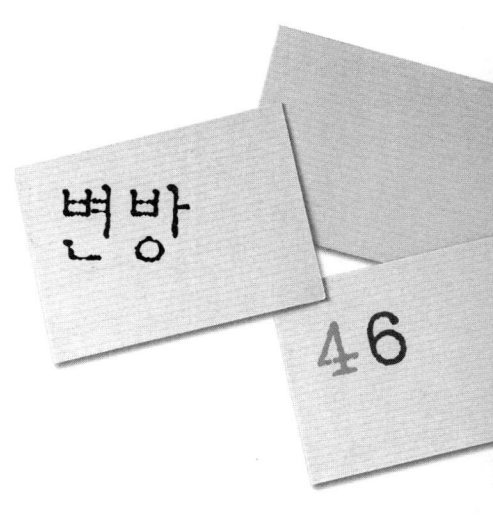

환노위는 국회에서 가장 일하기가 어려운 소위 3D위원회이다.

대부분 의원들이 기피하는 위원회로서 위원들은 주로 노총 출신이거나 환경운동가 출신들로서 그 분야에 남다른 전문성이 있기 때문에 위원회를 운영해 가기가 여간 어렵지 않다.

환노위는 전통적으로 열렸다 하면 밤 12시를 넘기는 일이 예사이기 때문에 국회 직원들까지도 환노위 배속을 기피하고 있다. 그래서 나는 환노위원장이 되자 위원들과 티타임을 가지면서 '노동위원회가 근로 기준법을 어기면 안 된다. 그래서 저녁 6시 이후에는 회의를 하지 않겠다. 모든 회의는 오후 6시 이전에 마치도록 하겠다. 그 시간 안에 모든 문제가 집중적으로 논의되도록 하자' 라고 주장했다.

2006년 10월 국정감사는 환노위가 생긴 이래 처음으로 울산에서 행해졌다. 통상 부산, 경남, 울산 지방의 국정감사는 모두 모아 부산에서 하는 것이 관례인데, 그해는 노동운동의 메카인 울산에서 강경 노조의 대명사인 현대자동차 노조를 상대로 국정감사를 벌이기로 한 것이었다.

노조 위원장과 회사 임원을 증언대에 세우고 8시간가량 진행된 국정감사에서 단병호 의원을 제외한 여야 의원 모두는 노조의 불법파업 행태와 노조 전임자 과다 문제를 지적했다. 아울러 현대차 노조의 발상의 전환을 요구하면서 귀족 노조의 문제점도 지적했다.

국정감사장에서는 보통 노조를 옹호하는 감사를 하기 마련인데 그해 현대차 감사에서는 여야 의원 모두가 한목소리로 노조를 질타했다.

11월부터 노사관계 선진화의 일환으로 정부에서 제출한 노동법 개정 작업이 시작되었다. 민주노총의 극렬한 반대 아래 진행된 10년 만의 노동법 개정 작업은 민주노총, 한국노총, 경총, 전경련 간부들과 수차례 협의를 하면서 조정하여 그해 12월 8일 상임위에서 단병호 위원이 반대 발언을 한 후 표결 없이 만장일치로 통과되었다.

쟁의권 행사와 공익 보호가 조화를 이룰 수 있도록 필수공익사업에 대한 직권중재 제도를 폐지하는 대신 필수공익사업에 필수 유지 업무를 부과하고 대체 근로를 허용하는 등 쟁의 관련 조항을 정비하여 향후 항공운수 사업, 혈액공급 사업, 병원 등 국민 생활에 밀접한 영향을 끼치는 작업장의 파업을 제한함으로써 사회 안정을 도모토록 한 이 노사관계 선진화 법안은 끈질긴 관계 분야와의 협의와 조정을 통해 무난히 처리되었다.

이 법안을 처리함에 있어 김 노동부 차관은 해박한 노동 지식과 설득력 있는 논리 전개로 노조와 여야 의원들의 이해 관계를 원만하게 조정해 주었다. 그는 전문성과 책임감을 겸비한 훌륭한 관료였다.

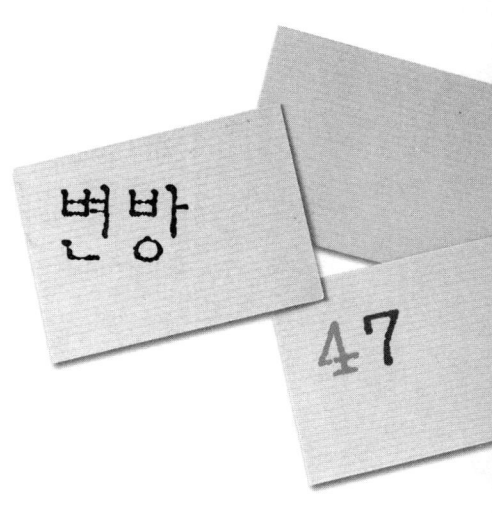

변방

47

*2007*년 1월, 새해가 밝았다.

정치권에 들어와서 세 번째 맞는 대선이었다. 이회창 총재를 앞세운 두 번의 대선은 실패를 했고 이제 누구를 내세워야 10년 야당을 벗어날 수 있는지 고심해야 할 때가 왔다.

한나라당 대선 주자로 이명박, 박근혜, 손학규 중 누가 대선에 나가야 한나라당이 깨지지 않고 단합하여 대선에서 이길 수 있을지 판단해야 할 시점이 온 것이었다.

이미 2006년 12월의 마지막 날인 31일 밤 8시 이명박 선배의 연락을 받았다. 이 선배와 라마다 르네상스 호텔 일식당에서 밤 10시까지 만나 서울시장 때 있었던 경선의 앙금을 풀었다.

손학규 선배와는 1월 중순경 인사동 밥집에서 둘이 만나 소주를 여섯 병이나 비우면서 나라의 장래를 의논했다. 이 자리에서 나는 손학규 선배로부터 묘한 제안을 받는다.

같이 나라를 바로잡아 보자는 제안이었다.

그런데 그 뉘앙스가 탈당을 하여 같이 일해 보자는 취지로 들렸다.

그래서 나는, '탈당은 절대 안 된다. 형님이야 이미 지도자 반열에 들어가 있어 탈당이 정치적 선택일 수 있으나 나는 정치적 배신자가 될 뿐이고 비열한 사람이 된다. 이인제 의원의 예를 봐라. 탈당을 하는 바람에 정치적 미아가 되지 않았느냐, 한나라당에서 먼 장래를 보자'라고 말했다.

"그러면 네가 내 캠프로 와서 선대 본부장을 해라."

그러나 그것도 이명박 선배와의 의리상 할 수 없었다.

그날 회동을 마치면서 손학규 선배는 곧 탈당할 것으로 느껴졌다.

경기지사를 마치고 민심 대탐방을 하면서 국민 속으로 들어가 100일간 전국을 누비면서 생고생을 했건만 지지율은 오르지 않고 점점 이명박, 박근혜 양자 대결로 압축되어 가니 본인으로서는 초조감이 컸을 것이고 무엇인가 판세를 요동치게 하고 싶었을 것이다. 그 충격요법으로 탈당을 택했는지 모른다. 그러나 내 입장으로서는 손학규 선배의 선택은 옳지 않아 보였다.

> 흐르는 물은 앞을 다투지 않는다(流水不爭先).
> 물은 흐르다가 장애물을 만나면 돌아서 간다.
> 세월은 기다리는 사람의 것이다.

결국 손학규 선배는 참지 못하고 2007년 3월 19일 탈당해 버렸다. 한나라당 내 개혁 세력의 중심이었던 그가 나가 버린 것이다. 손학규 선배가 한나라당에서 뜻을 이루지 못하고 나가던 날, 기자회견 30분 전에 전화를 받고 나는 참으로 안타까웠으나 그의 성공을 빌어 주었다.

워싱턴에서 처음 인연이 되어 교분을 가지면 가질수록 된장같이 묵은 맛을 내는 신뢰의 정치인이었던 그가 눈물을 흘리며 한나라당에서 맡은 역할의 한계를 느끼고 나간 것이었다.

진보적 자유주의를 내걸고 한나라당의 변화를 촉구했건만 보수적인 한나라당 당원들은 이를 받아주지 않았다.

그 무렵 나는 곤혹한 처지에 놓여 있었다.
이명박 선배 캠프는 이미 짜여져 있어 활동 공간이 전혀 없었고 오히려 박근혜 캠프에서 들어와 도와달라고 최병렬 대표를 통해 요청을 하고 있었다. 선대위원장을 하라는 내용이었다. 박근혜 대표로서는 수도권 취약점 보강을 위해 내가 필요하다는 것이다. 그러나 나는 박 대표를 도울 입장이 아니었다.

국민일보 빌딩에서 박 대표를 만났다.
"만약 내가 박 대표를 돕게 되면 세상 사람들이 나를 정치적 배신자로 봅니다. 여태 나는 이명박 선배를 지지하는 사람으로 알려져 있는데, 내가 박 대표 진영으로 가면 의리 없는 정치적 배신자가 됩니다. 박 대표께서는 이 점을 헤아려 양해해 주십시오."
배신자로 취급받거나 치사한 사람으로 규정되는 것은 무엇보다도 참을 수 없는 일이기에 나는 박 대표의 이해를 구했다. 박 대표는 나의 이러한 생각에 흔쾌히 동의해 주었다.
자, 이젠 당내 경선 국면에서 나는 어떤 입장을 취해야 하는가.

중립 지대로 가야 한다는 참모들의 의견도 있었으나 나는 성격상 미지근한 태도는 옳지 않다고 보았다.

선거에 중립이 어디 있나. 중립은 회색 지대이고 기회주의자나 마찬가지가 아닌가.

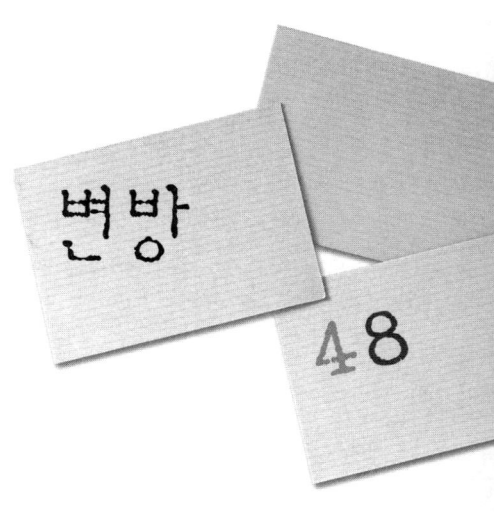

그해 5월 한나라당은 경선대의원 수와 여론조사 반영률을 놓고 양 진영에서 퇴로 없는 쟁투를 벌이고 있었고, 박근혜 대표는 경선 불참을 시사하기도 했다. 이에 강재섭 대표는 의원직 사퇴라는 배수진을 치고 중재안을 내놓았고 양 후보는 극적으로 이를 수용하였다.

그렇게 봉합되는 듯했으나 양자의 충돌 상황은 극에 이르러 서로 상대방을 비방하는 네거티브가 만연하는 가운데 이러다가 경선이 깨지는 것이 아닌가 하는 의구심마저 들었다.

10년 야당 끝에 온 절호의 정권 교체 기회를 이러다가 또 놓치는 것 아닌가 하는 절박감 속에 나는 경선 흥행과 피스메이커, 페이스메이커를 자임하면서 경선이 축제의 장으로 끝날 수 있도록 중재자로 출마할 것을 검토하기 시작했다. 6월 13일, 나는 전격적으로 대선 후보 경선 출마를 선언하고 경선 준비에 들어갔다.

광주에서 시작된 경선 후보 토론회에서 나는 가능하면 양자의 충돌을 막는 중재자 입장에 서려고 노력했으나 이명박 후보 진영에서는 내가 박근혜 후보를 돕는다고 야단이었다.

그것은 한반도 대운하 논쟁에서 내가 반대자의 입장에서 토론을 한 것 때문이었다. 무심결에 던진 한마디 말의 파장이 컸던 것이다.
"운하에서 배가 충돌하여 사고가 나 기름으로 낙동강이 오염되면 부산, 대구 시민들은 두 달 동안 생수를 먹어야 하느냐."
이 말 한마디로 이명박 후보의 한반도 대운하는 큰 상처를 입게 되었다.

그 후 전국을 돌며 후보자 연설회를 가질 때 나는 박근혜 후보 측에서 이명박 후보를 비난하면 이를 해명해 주고 이명박 후보 측에서 박근혜 후보 측을 비난하면 이것도 해명해 주는 피스메이커 역할을 하였다.

경선장에서 내가 연단에 올라서면 양 진영 대의원들이 서로 자기편이라고 착각을 하여 박수는 내가 제일 많이 받았다.
그러나 내 표는 없었다. 나는 후보자라기보다 중재자를 자임했기 때문이다. 심지어 내가 추천한 동대문 을지역 대의원들조차 나를 찍지 않았다.
그들에게도 나는 후보자가 아니니 양자 중 한 명을 찍으라고 지시했기 때문이다. 조직 활동도 하지 않았고 그 흔한 모바일 선거 운동도 하지 않았다.

2007년 8월 20일 잠실체육관에서 경선 결과가 발표되던 날, 나는 비로소 내 할 일을 다했다고 만족해했다. 나 자신에 대한 결과는 참담했지만 한나라당이 깨지지 않고 무사히 경선을 마치는 데 일조를 한 것으로 만족했다.

경선이 끝나고 나는 다시 일상으로 돌아와 환노위원장실로 갔다.
이젠 대선을 어떻게 치를 것인지 생각해야 할 때였다.

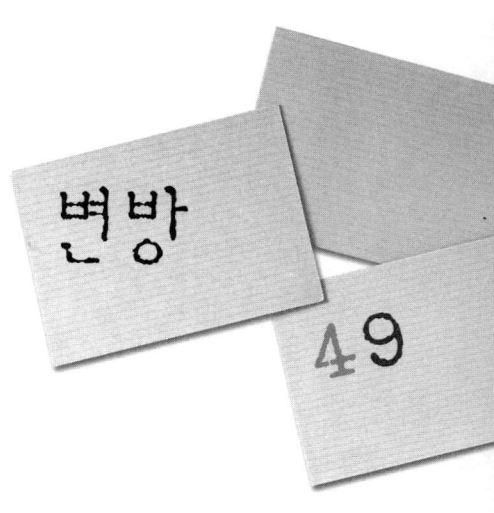

2007년 대선은 정책도 없고 정치도 없는 한국 역사상 가장 추악한 네거티브 대선이었다. 이미 두 차례에 걸친 지난 대선에서 상대 당은 근거 없는 병풍으로 집권을 해 본 터라 2007년 대선에도 네거티브에만 매달렸다.

2007년 대선은 이명박 대 반 이명박의 싸움이었다. 그만큼 이명박 후보는 절대 강자였다. 속칭 BBK 대선으로 요약되는 지난 대선에서 나는 이 후보의 요청대로 BBK 대책 본부장을 맡게 되었다.

2007년 11월 2일, 35명을 위원으로 클린정치위원회를 구성하였다.

고승덕, 김기현, 나경원, 이범래, 박준선, 강용석, 정종복, 김정훈, 권성동, 은진수, 부상일, 오세경, 김현일, 김시관, 김재수, 김명곤 등이 주축이 된 BBK 당내 대책팀인 클린정치위원회는 구성되자마자 활동에 들어가 BBK 사건에 관한 일체의 자료를 넘겨받고 분석에 들어가는 한편 상대방의 폭로에 대비하여 대국민 홍보도 강화하면서 선제적인 공격도 감행하였다.

이 과정에서 외부에서 활동한 김상희 변호사의 활약은 눈부셨다.
특히 김경준이 압송되고 이면 계약서가 제시되면서 사건의 긴장도는 고조되었고 이에 우리는 이미 준비하고 있던 이면 계약서의 위조 근거를 밝히면서 국면을 주도해 갔다.
통상 네거티브 대응 전략은 수세적일 수밖에 없지만 우리는 상대방보다 자료를 오히려 더 많이 확보하고 있었다. 검찰 수사 방향도 우리가 먼저 감지할 정도로 검찰 출신인 능력이 출중한 변호사들이 더 많아 네거티브 전에서도 우리는 능동적으로 신속히 대응할 수 있었다.

11월 25일, 우리는 BBK 사건 일지를 발표하고 검찰 수사에 모든 것을 맡기고 무대응하는 것으로 결론지었다.
검찰이 12월 5일, 이명박 후보의 무관함을 밝히는 수사 결과를 발표함으로써 이 사건은 종결되는 듯했으나 12월 12일, 광운대 연설 동영상에서 마치 이 후보가 BBK 회사 주인인 듯한 뉘앙스를 풍기는 발언 장면이 공개되면서 BBK 사건은 절정에 치닫게 된다. 오해를 사기에 충분한 동영상 자료였다.

그러나 이것은 이 후보가 김경준과 사이가 좋을 때 그의 신용도를 높여 주기 위한 덕담에 불과하지 BBK 소유 실체에 관한 결정적인 증거는 아니었다. BBK 소유 실체는 이미 검찰의 자금 추적에서 밝혀졌기 때문에 이에 대해 우리는 차분히 대응하기로 하였다.

12월 18일, 투표 하루 전날 나는 대국민 호소문을 발표하고 선거 결과를 기다렸다. 선거 결과 이명박 후보는 530만 표라는 압도적 차이로 대승했다.

지난 대선은 정권 교체에 대한 국민적 열망이 매우 커 네거티브만으로는 이길 수 없는 선거였다. 그런데도 상대 당에서는 두 번에 걸친 병풍의 유혹을 이기지 못하고 네거티브로만 일관하다가 대선에 참패하였다.

10년 야당 끝에 여당이 되었다. 지난 10년 동안 진보 정권 아래서 미행, 도청, 자금 추적도 당해 보고 저격수를 하면서 네거티브 정치인이라는 오명도 썼지만 이제는 우리가 정권을 잡았다.

 4월에 치러진 총선은 대선의 영향으로 내가 치른 4번의 선거 중 가장 편한 마음으로 무난히 당선되었다. 그리고 나는 5월 말 여당의 국회 수장인 원내대표가 되었다. 유년 시절과 청년 시절, 검사와 정치인 시절을 모두 변방에서 보내다가 드디어 나는 중심부로 들어왔다.

 변방에서 중심으로 이동한 것이다.

에필로그

변방 50
중심국가론(中心國家論)

이승만의 건국 시대, 박정희의 조국근대화 시대, 김영삼·김대중·노무현의 민주화 시대가 지난 지금, 대한민국의 시대정신은 무엇이 될까.

진보 진영에서는 다음 시대의 시대정신을 통일로 보고 통일 시대 준비를 위해 각종 남북 화해 정책을 펴왔다. 그러나 지난 10년간의 남북 화해 정책은 보수와 진보의 대립을 더욱 격화시켰고 남남갈등을 심화시켜 왔다.

지역 갈등, 계층 갈등, 세대 갈등에 이념 갈등까지 겹쳐 한국사회는 갈등으로 날이 밝고 갈등으로 날이 지는 엄청난 국력 소모를 계속해 오고 있다.

나는 이 시점에서 통일 시대는 적절한 화두가 되기에 아직 이르다고 본다. 그것은 1991년 독일 통일에서 교훈을 찾을 수 있을 것이다.
통일 이후 독일은 매년 100조 원가량씩 18년 동안 동독 재건에 쏟아 붓고 있다. 그럼에도 아직 동독의 경제 수준은 서독의 70% 정도에 머물고 있다고 한다.

통일 이전 동서독 경제력 차이는 4배 수준에 불과했는데도 아직도 통일 독일은 그 격차를 해소하지 못하고 있다. 현재 남북한의 경제력 차이는 40배에 가깝다고 한다. 몇 년 전 브루킹스 연구소 발표를 보면 북한의 생활 수준을 한국의 70%로 끌어올리기 위해선 최소한 6천 5백억 달러가 필요하다고 한다.

그렇다면 우리는 통일 시대를 맞기 위해서 그 전 단계로 부자 나라, 부자 국민 시대를 열어야 한다.
선진강국 시대를 열어야 하는 것이다. 나는 선진강국이 되고 난 뒤

통일 시대로 가는 길이 역사의 순리라고 본다.

  선진강국으로 가기 위해서는 무엇보다도 통합된 국민적 에너지가 필요하다. 지역 갈등, 계층 갈등, 세대 갈등, 이념 갈등을 뛰어넘어야 우리는 선진사회로 갈 수가 있다.

  그런 의미에서 국민통합이라는 명제는 선진강국으로 가기 위해서 우리에게 가장 절실히 필요한 화두라고 생각한다.
  우리는 잘 먹고 잘살자는 화두로 오천 년 가난에서 벗어나서 조국근대화를 이루었고 공평하게 갈라 먹자는 화두로 민주화를 동시에 이루었다. 이제는 부자 나라, 부자 국민이라는 화두를 중심으로 뭉쳐 지역, 세대, 계층, 이념을 구분 짓지 말고 하나가 되어 선진 강국으로 가야 할 때다.

  그래서 나는 이 시대의 시대정신을 선진강국 시대로 보는 것이다.
  통일 시대로 가기 위한 전 단계로 선진강국 시대로 가기 위해서는 한국사회 전 분야의 패러다임을 바꾸어야 한다.
  우선 정치 분야를 보면 이제는 대립과 투쟁의 시대를 탈피하고 공존과 협력의 시대로 가야 한다. 5공 독재 정권 극복을 위해 탄생한 1987년 민주화 체제를 우리는 지난 20여 년간 성공적으로 마무리했다.

독재 출현 방지를 위해 5년 단임 대통령제를 채택하여 5명의 대통령을 탄생시킴으로써 우리는 이 지구상에서 산업화와 민주화를 동시에 달성한 모범 국가가 되었다.

그러나 대통령에 대한 권력 집중 현상은 민주화된 이 시점에서도 계속 문제가 되고 있고 절대 권력을 쟁취하기 위해서 여야는 대선이 끝나는 그 이튿날부터 또다시 차기 정권 쟁취를 위해 쟁투를 벌이고 있다.
미국과는 달리 정당의 실질적 지배자에다가 예산안 편성권, 법률안 제출권까지 보유한 한국 대통령은 5년 임기 동안 탄핵 이외는 아무런 책임이 없는 무소불위한 지위에 있다. 한국 대통령제는 대통령 책임제가 아니라 대통령 무책임제인 것이다.

최근에 학자들을 중심으로 논의되고 있는 분권형 대통령제는 그 이유 때문에 제기되고 있다. 대통령은 외교, 국방, 통일, 대북 문제만 담당하고 총선에서 승리한 정당의 대표가 총리가 되어 권력을 분산하자는 것이 분권형 대통령제의 취지이다.
그렇게 되면 여야의 권력 공존이 가능해지고 대선에 목매지 않아도 된다. 대선에 지더라도 총선의 기회가 또 있기 때문에 여야의 극한 대립은 완화될 수 있고 2016년부터는 4년 중임제 대통령 선거와 같은 해에 걸리기 때문에 선거 주기도 맞출 수 있다.

여기에 덧붙일 것은 선거구제의 변경이다.

지역구도 완화를 위해 소선거구제를 도농 복합형 중대선거구제로 전환해야 한다. 네거티브 선거가 아닌 포지티브 선거 지형을 만들고 지역구에 얽매이지 않고 헌법 정신에 따라 국민 전체의 봉사자로 국회의원 본연의 역할을 하기 위해서라도 이번 기회에 선거구제를 반드시 바꾸어야 한다.

일제의 유산인 기초, 광역단체를 과감히 개편하여 전국을 40~50개 기초 단체로 통폐합하고 도를 폐지하여 행정 능률을 높이며 기초, 광역의원도 통합하여 지방 의원으로 격상시켜 그에 걸맞는 대우를 해야 한다. 정치제도 개편의 근본 정신은 공존과 협력에 있다. 더 이상 정쟁으로 세월을 보내지 말고 국민들을 향해 선의의 경쟁을 하자는 것이다.

경제 분야의 경우 나는 가장 시급한 부분을 경제의 세계화라고 본다. 반미를 외치던 지난 정권조차도 한미 FTA를 체결했을 정도로 경제의 세계화는 긴급한 과제인데 우리는 아직도 폐쇄의 틀에서 벗어나지 못하고 있다.

국내 산업 보호는 경쟁의 틀에서 해결해야 한다. 우리의 해외 통상 의존율은 70%에 가깝다고 한다. 수출대국인 일본조차 해외 통상 의존율이 20%밖에 되지 않는다는데 70%에 이르는 해외 통상 의존율을 가진 우리나라가 살 길은 무역밖에 없다.

다행히 우리의 세계 1위 기술력이 있는 제품은 127개에 달하고 5위 안의 제품은 470개에 이른다고 한다. TV, 반도체, 조선, 건설, 휴대전화, IT 헬멧 등 세계 1위 제품이 즐비하고 자동차도 세계 5대 강국에 들어섰다. 우리의 GDP는 아프리카 대륙 53개국 GDP를 합친 것보다 더 크다. 한·EU, 한·중, 한·일, 한·아세안 FTA뿐만 아니라 세계 전역을 향해 문호를 열어야 한다.

중소기업 중심으로 경제 구조를 개편해야 한다. 대기업 중심에서 중소기업 중심으로 가자는 것은 위험의 분산과 업종의 다양화, 특화에 그 목적이 있다.

대기업이 중소기업 영역에 들어오는 것은 기업 윤리의 문제를 넘어 국가 경쟁력을 좀먹는 비신사적인 기업 경영 형태이다.

성장이냐 분배냐 논쟁보다는 파이를 키우는 것이 급선무라고 본다. 파이가 커야 나누어 먹을 것이 자연적으로 많기 때문이다.

사회 분야를 보면 법치주의 확립과 사회 대타협을 이루지 못하면 우리의 미래는 없다.

　일본은 1964년 동경 올림픽을 계기로 선진국으로 가기 위한 법치주의 확립에 나섰다. 가장 먼저 한 일이 기초 질서 확립이었다. 길거리에 쓰레기 안 버리기, 교통 질서 확립, 집회 시위 질서 확립 등 사회 기초 질서부터 바로잡고 준법 정신을 함양하였다. 우리도 88올림픽 이후 기회가 있었으나 정권의 정통성 문제로 실기하고 2002년 월드컵 이후 또 한 번의 기회가 대선에 이용되는 바람에 놓쳤다.

　법치주의는 형식적 법치주의가 아니라 실질적 법치주의를 말한다. 법 제정 목적과 정신에 부합하는 법 집행만이 국민으로부터 신뢰를 받고 상하가 차별 없이 법 집행이 되어야 국민들이 법 집행에 승복을 하게 된다. 그런 의미에서 특별사면은 불가피한 국가적 목적 이외에는 행사되어서는 아니된다.

　아울러 우리 사회에서 다시는 헌법위의 떼법이라는 말도 더 이상 나와서는 안 된다. 일 년 열두 달 계속되는 파업을 종식시키기 위해서 사회 대타협은 긴요한 과제임에도 불구하고 아직 우리 사회에서 그에 대한 논의가 활발하지 못함은 심히 유감스런 일이다.
　아일랜드 모델이든 네덜란드 모델이든 노사가 서로 다투는 대립과 투쟁의 시대를 넘어 노사가 공존하는 화해와 협력의 시대를 열어야 한다.

필요하면 국비로 하는 무상 교육, 무상 의료제도를 과감히 도입하여 가난의 대물림을 막을 수 있어야 하고 근로 소득세를 경감하여 과도한 임금 인상도 자제시켜 노사가 공존하는 틀을 국가가 만들어 주어야 한다. 노동의 유연성만을 강조하는 것은 동양적 노사 관계론에는 맞지 않는다. 권리와 의무로 대립하는 서구식 노사 관계론보다 권리와 의무를 통칭하는 직분 철학이 동양적 노사 관계론에 부합할 것으로 본다. 노사가 공히 주인의식을 갖는 작업장을 만들자는 것이다.

복지 분야를 보면 일자리 창출은 복지의 기본이기 때문에 덧붙일 여지가 없지만 한국 서민들의 소박한 꿈은 내 집 갖기와 내 자식 잘되기에 집약된다.

한국 주택보급률이 100%에 이르는데도 대도시에는 무주택자가 40%에 이른다. 이것은 부동산을 통한 부의 대물림이 심화되었기 때문이고 부동산 불패 신화가 계속되어 왔기 때문이다.
돈이 생기면 산업에 투자해야 일자리가 생기고 경제가 발전하는데 좁은 국토에 인구가 많으니 자연히 돈은 부동산에 몰리게 마련이다.

그래서 나는 토지의 불로소득을 제거하고 서민들이 주택을 싸고 쉽게 구입토록 하기 위하여 이른바 '반값 아파트 법안'을 발의하여 통과시켰다.

이 제도가 제대로만 정착되면 용산 사태와 같은 재개발 참사도 없을 것이고 대도시 재개발에서 서민들이 거리로 내몰리는 사태도 줄어들 것이다.

내 자식 잘되기란 결국 교육의 기회 균등이다.

부자가 자기 자식을 위해 고액 과외를 시키는 것을 나는 막을 필요는 없다고 본다. 모자란 자식을 위한 부모의 마음은 부자나 가난한 자나 마찬가지이기 때문이다. 그러나 돈이 없어서 배우지 못하고 그럼으로써 가난의 대물림이 계속된다는 것은 국가의 책임이 아닐 수 없다.

국가는 이들에게도 동등한 기회를 주어야 한다. 결국 공교육의 정상화와 장학제도의 확충, 나아가 경제적 능력이 모자라는 계층에 대한 무상교육 실시가 교육의 기회 균등을 보장하는 관건이 될 것이다.

외교 분야를 보면 우리는 해방 이후 줄곧 한미동맹을 굳건히 하는 데만 역점을 두어 왔다. 그러다 보니 독재체제를 정당화시켜 주던 미국에 대해 반미운동을 벌이기도 하였고 그것은 노무현 정권에 와서 절정을 이루었다.

우리가 중심 국가로 가기 위해서는 친미, 반미라는 이분법적 사고를 벗어나서 국익 개념으로 접근해야 한다고 본다. 필요에 따라서는 대미 자주외교론도 서슴없이 채택하고 EU, 중국, 러시아, 일본 등도 미국과 대등한 가치를 두고 자주 외교를 펼쳐야 한다.

북핵 문제와 한반도 통일 문제에 대해선 보다 전향적인 입장이 필요하다. 남북관계의 본질적인 문제는 북핵과 체제 보장의 문제로 귀착된다고 나는 본다. 북한이 북미 대화에 집착하는 이유는 북한 체제 보장에 현실적인 위협이 되는 나라는 한국이 아니라 미국으로 보는 것에 기인한다.

미국의 입장에서는 김정일 위원장의 북한을 믿지 못할 불량 국가(Rogue State)로 보기 때문에 핵 유출로 인한 미국에 대한 현실적 위협을 없애기 위하여 종국적으로는 레짐 체인지(Regime Change)를 통하여 북핵을 폐기하는 데 주력하고 있다.

따라서 현실적으로 북핵 문제는 북한의 체제 보장이 선행되어야 해결될 수 있다고 본다. 우리로서는 미국과 협력하여 북한을 안심시킬 수 있는 국제적 보장을 해 주고 북핵 폐기를 유도하는 방안이 북핵 문제를 해결할 수 있는 가장 현실적인 대안이 될 것으로 생각된다.

 아울러 이 정부의 비핵 개방 3000 정책은 핵 폐기와 경제 협력 정책을 동시에 추진하는 것으로 전략적 수정을 해야 한다고 본다. 북이 핵 개발을 한 목적은 체제 불안에서 기인된 것이라고 보기 때문에 북미협상이 진행되지 않으면 남북 관계는 현재의 상태를 벗어날 수 없고 계속 정체 상태가 된다.
 정작 남북 관계의 직접적 당사자인 한국은 북미 간 체제보장 협상에 하나의 종속변수로 작용할 수밖에 없는 이 갑갑한 현실을 타파하기 위해서라도 비핵과 경제 협력을 동시에 추진하는 정책 전환이 하나의 돌파구가 될 수 있을 것으로 본다.

 북과의 경제 협력 패턴은 진보 정권 때와는 달리 철저히 투명성이 보장되는 방안을 수립한 후 제공되어야 한다. 무분별하게 수십억 달러를 북쪽에 제공하고 우리에게 돌아온 것은 핵과 미사일이었다. 경제 협력은 북의 주민들의 생활을 향상시키고 복지를 향상시키는 부분에 집중해야 한다고 본다.

우리는 지난 10년 동안 북과의 경제 협력이 북측 지도자 계층의 향락이나 군비 증강에 사용되는 것을 막자고 줄기차게 주장해 왔다.

북핵 폐기는 6자회담 당사국들과 협의하여 넌-루가(Nunn-Lugar) 방식으로 해결하는 것도 한 방법이 될 것이다. 이미 미국도 포괄적 경제 지원 계획이 있음을 밝힌 이상 구소련 해체 과정에서 핵무기 확산 방지를 위해 사용했던 넌-루가 방식은 북핵 해결을 위한 하나의 유효한 수단이 될 수 있다.

우리가 늘 자랑하던 오천 년 단일민족 시대는 이제 아니다.

외국인 한국 거주 100만 시대에 살고 있고 동남아 신부들이 넘쳐 나는 다민족 시대에 살고 있다. 문화의 다양성과 타민족 포용력이 무엇보다도 요구되는 혼합민족 시대로 가고 있다. 폐쇄성을 버리고 세계를 바라보는 새로운 한민족 시대를 열어야 한다.

이제 우리는 오천 년 변방국가 시대를 털고 세계 중심국가로 우뚝 서야 하는 시대적 과제를 안고 있다.

더 이상 우리 자손들에게 굴종을 강요하는 변방국가를 물려주어서는 안 된다.

가자, 가자, 모두 하나가 되어 세계 중심국가로!

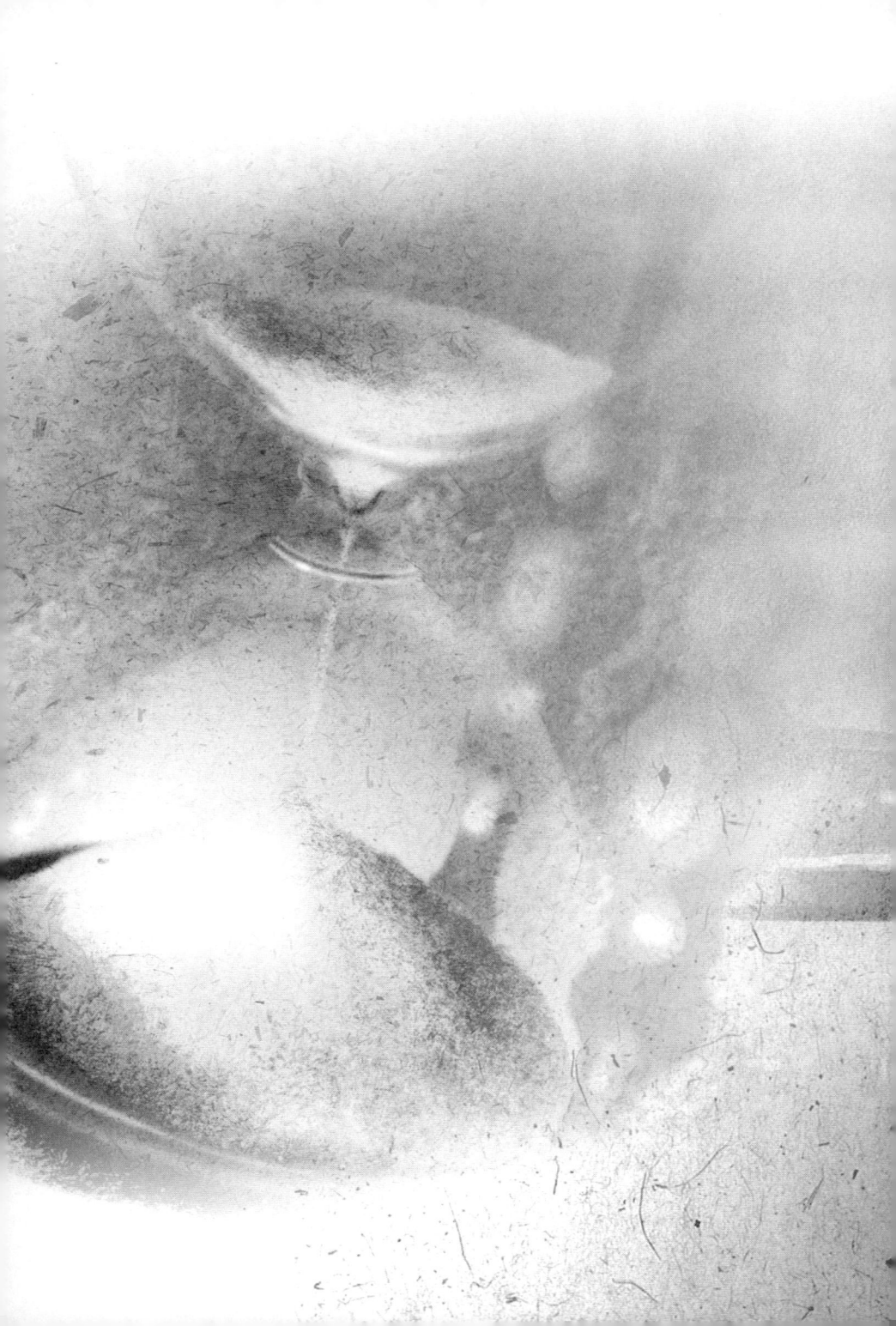